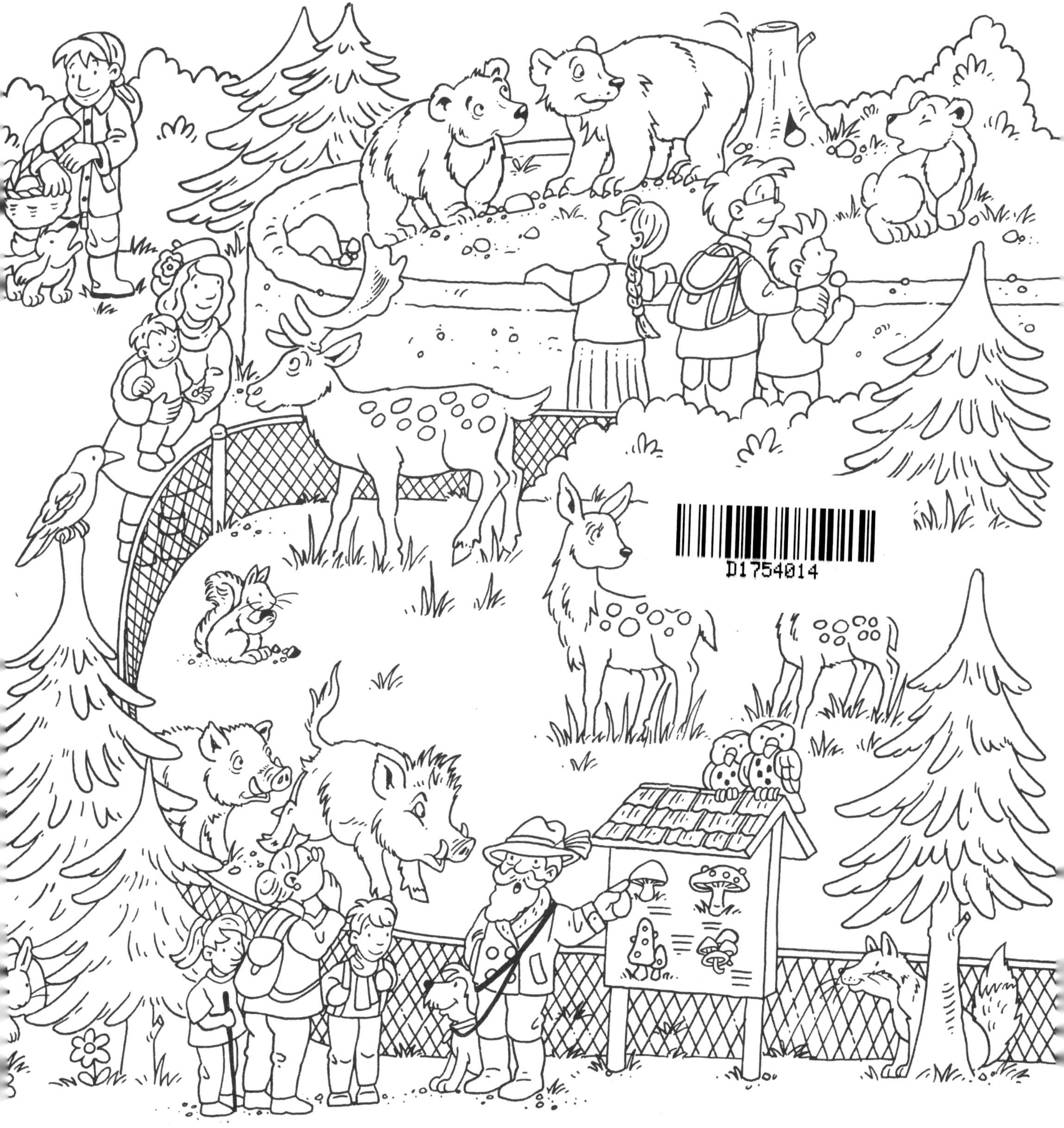

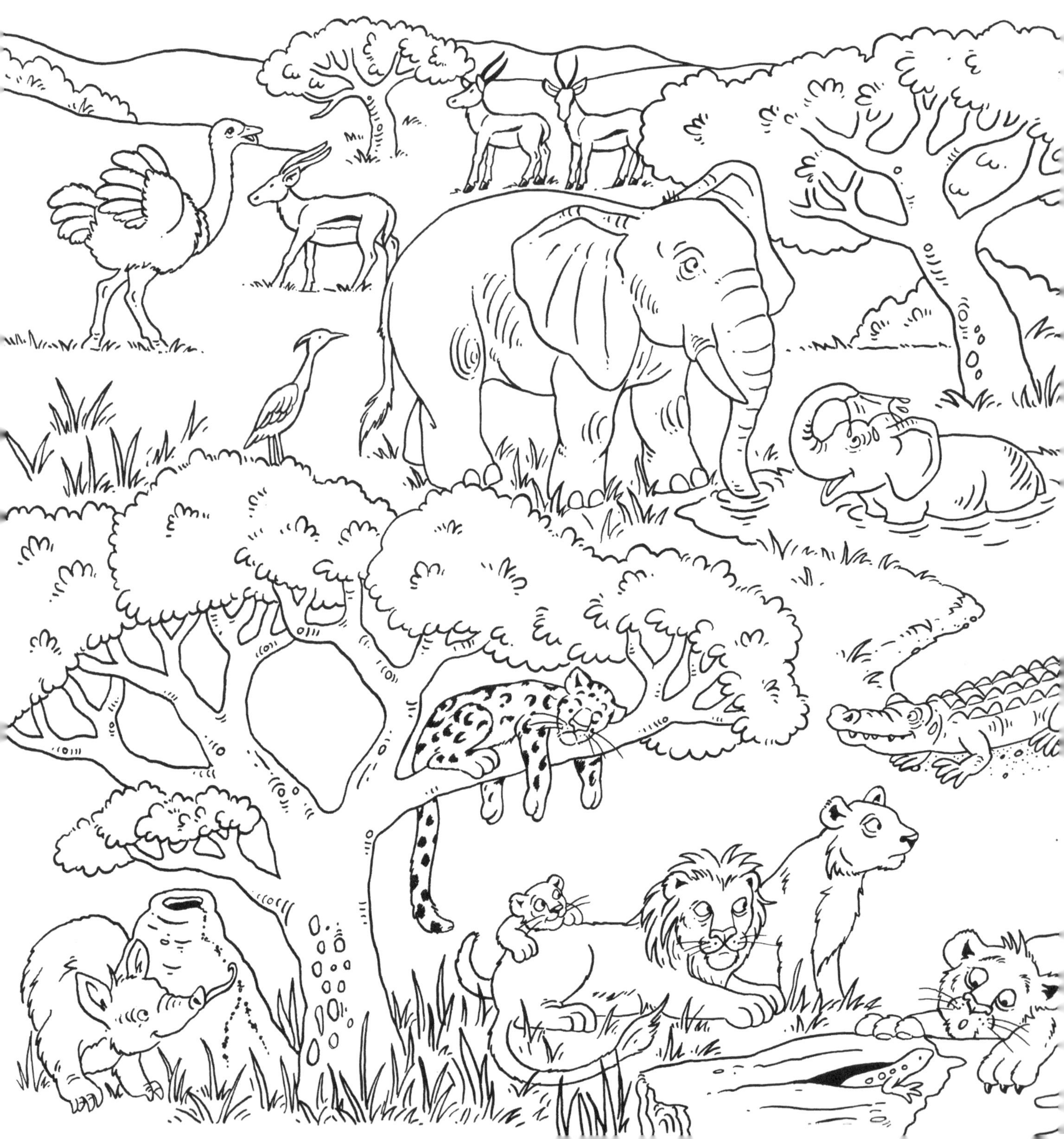

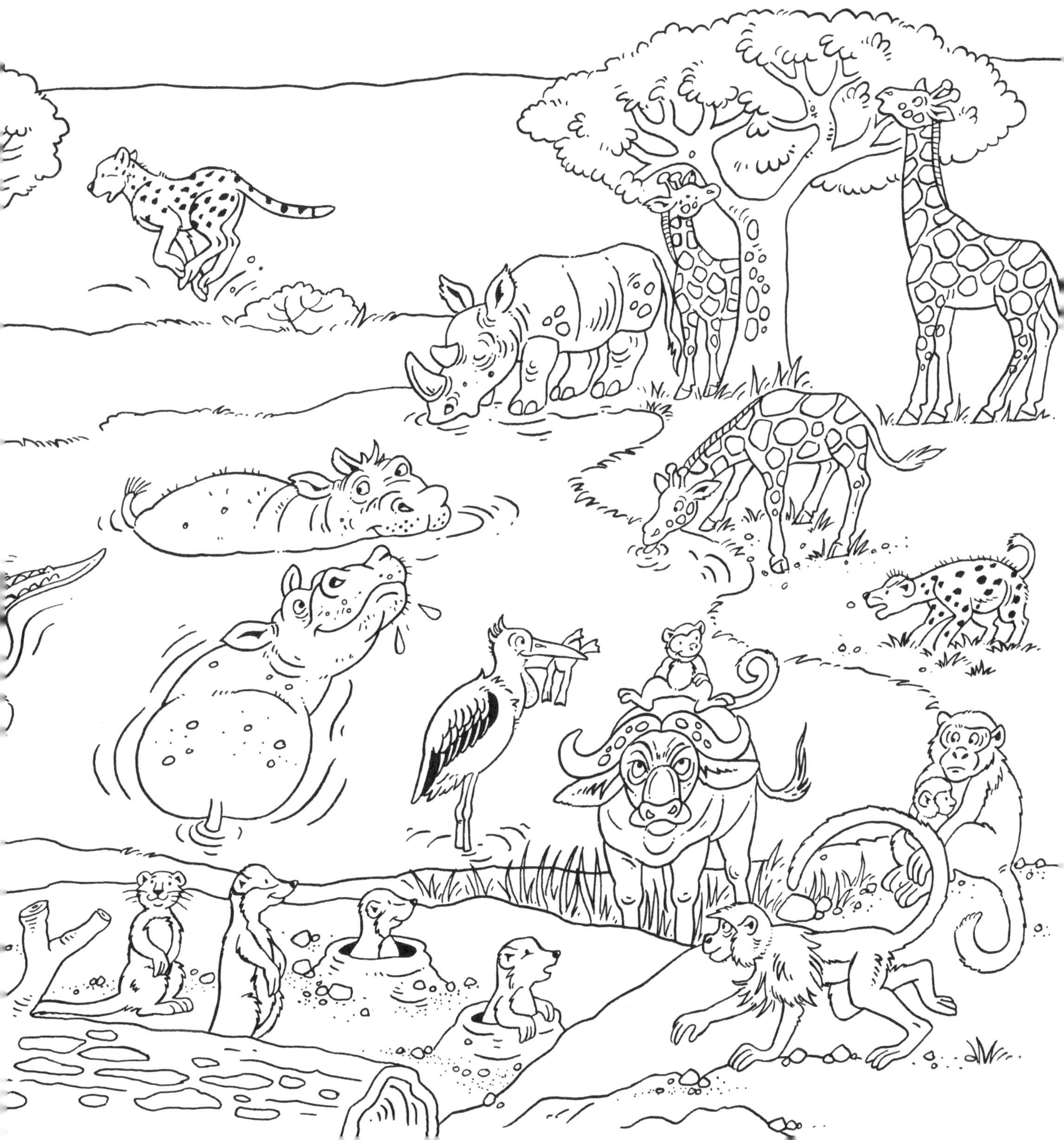

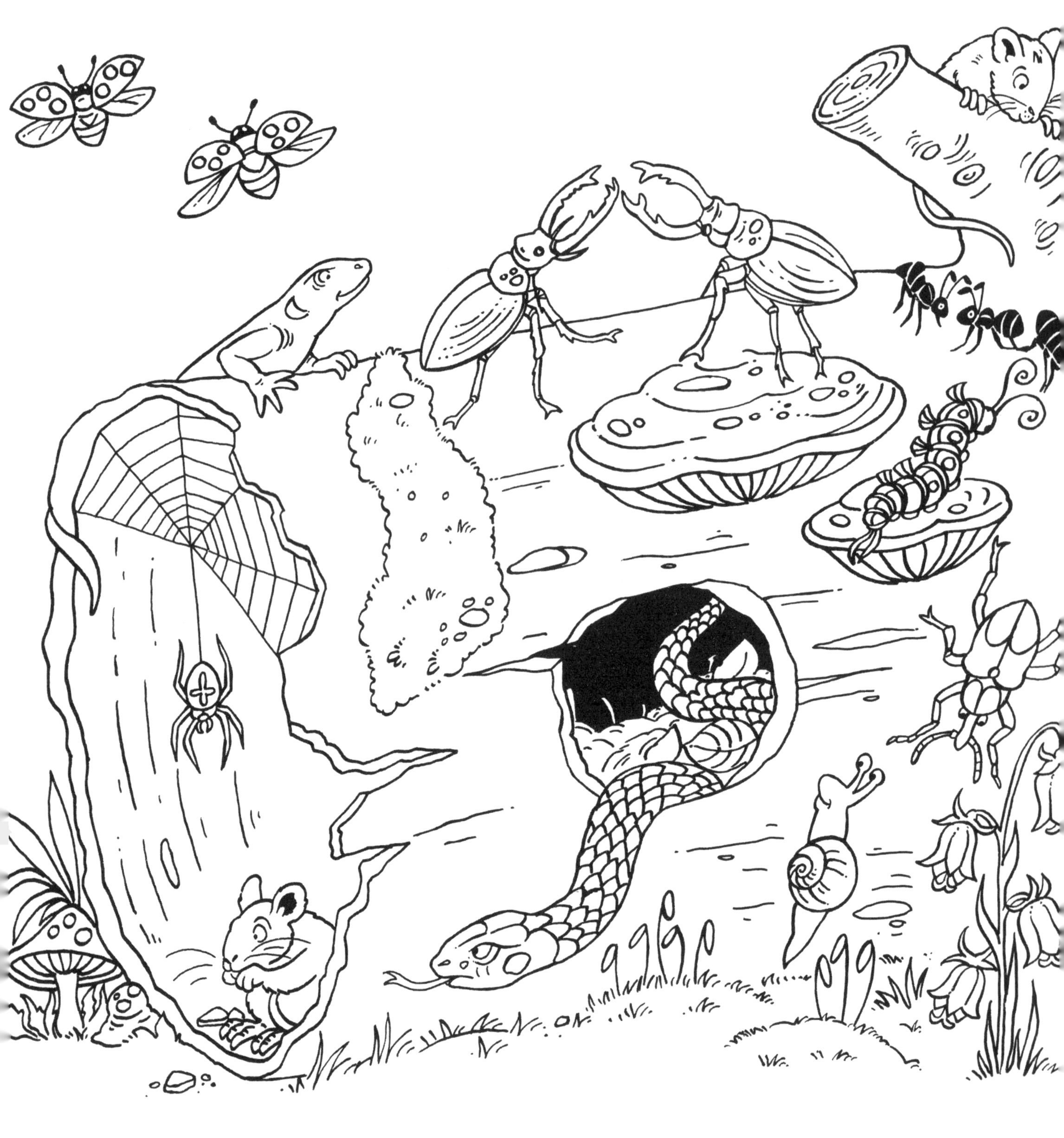

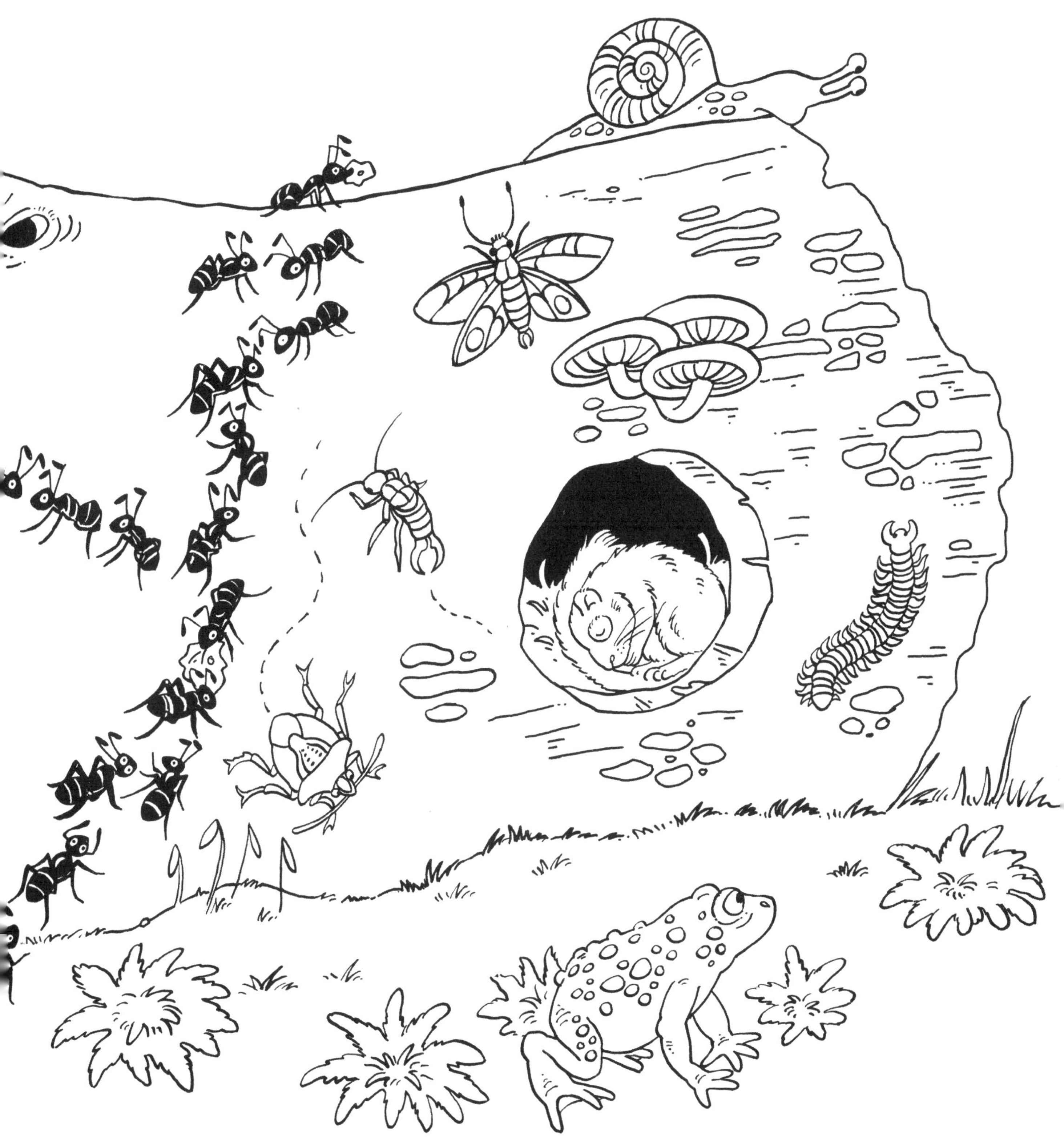

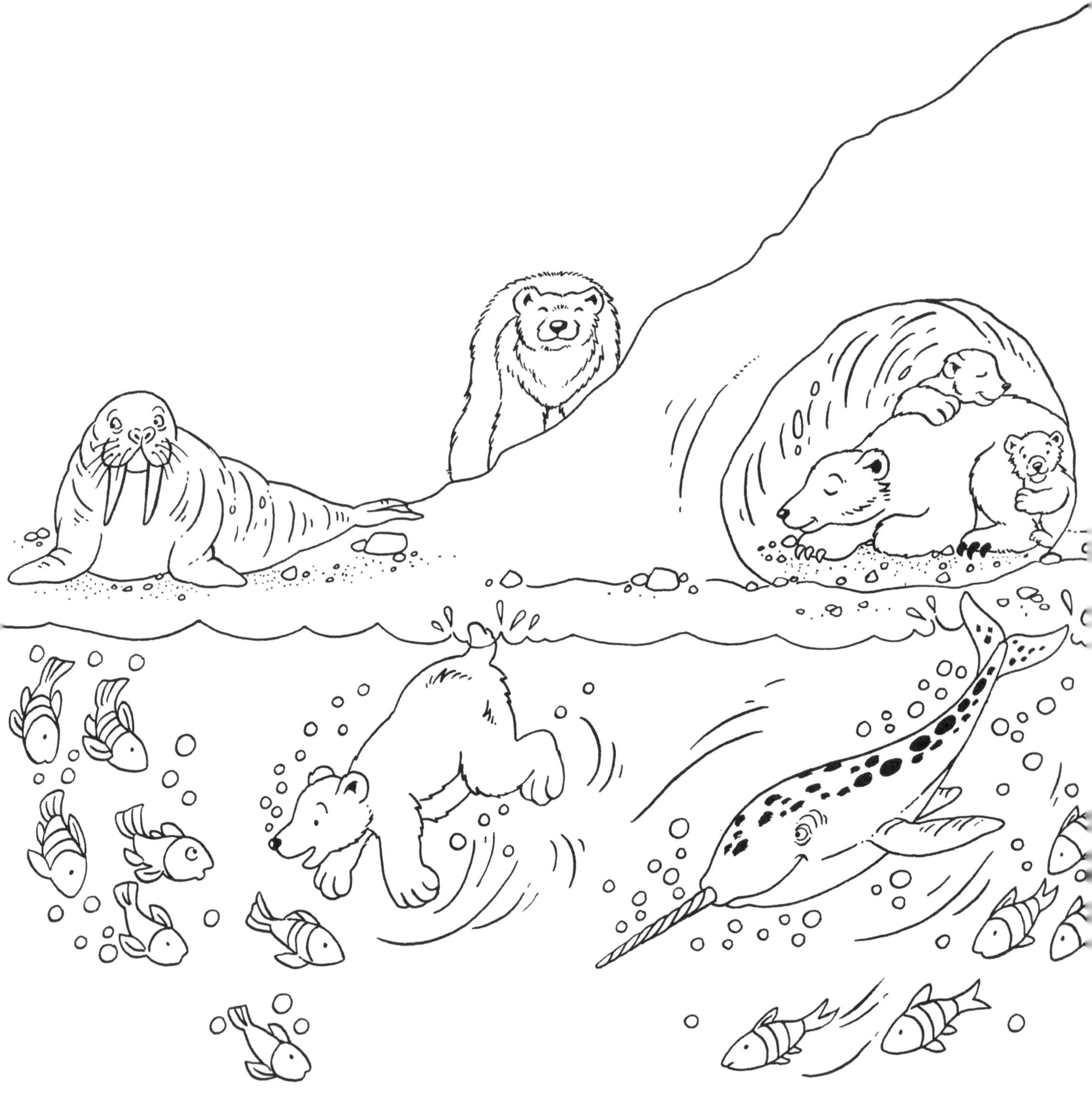

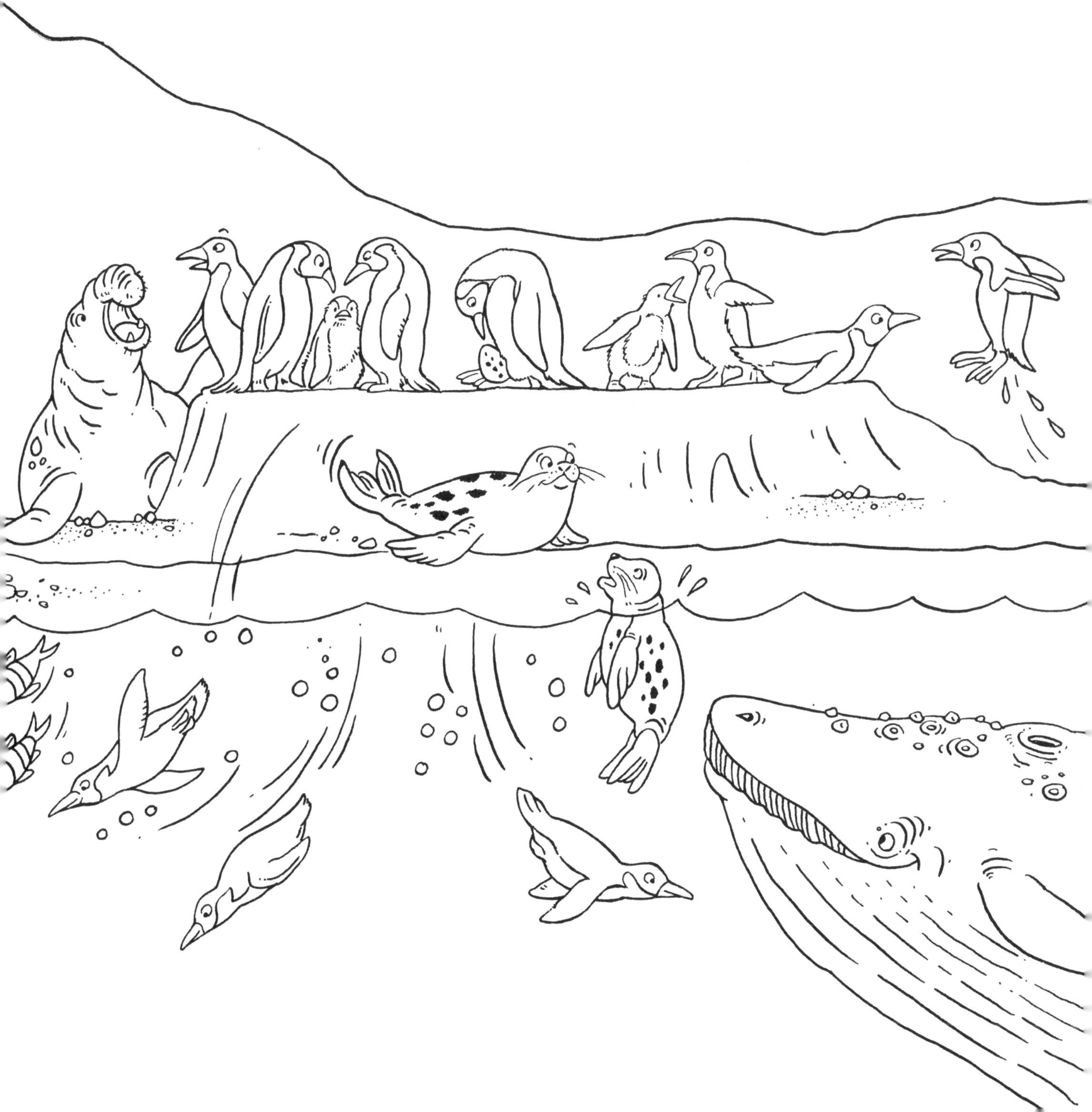

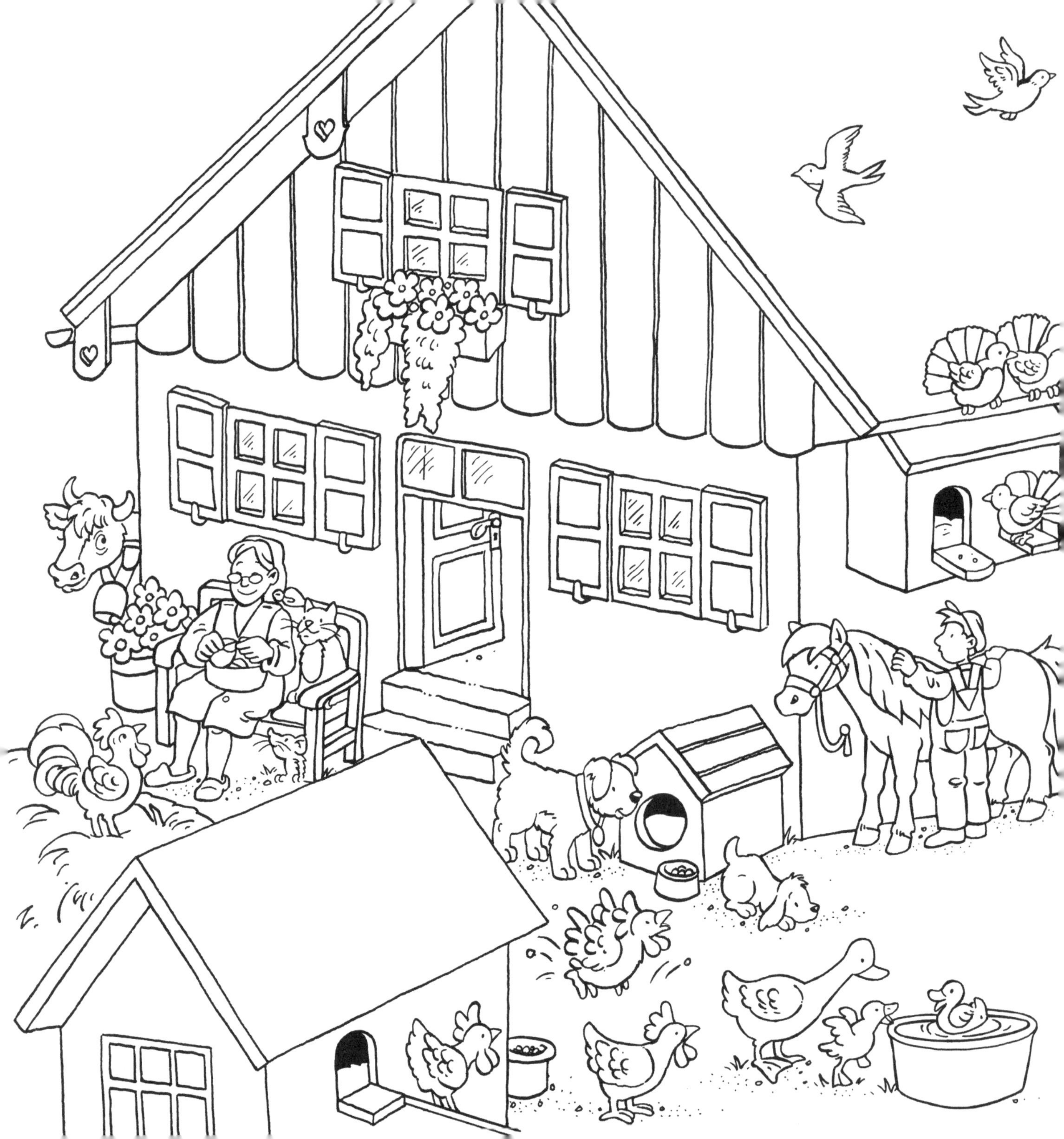

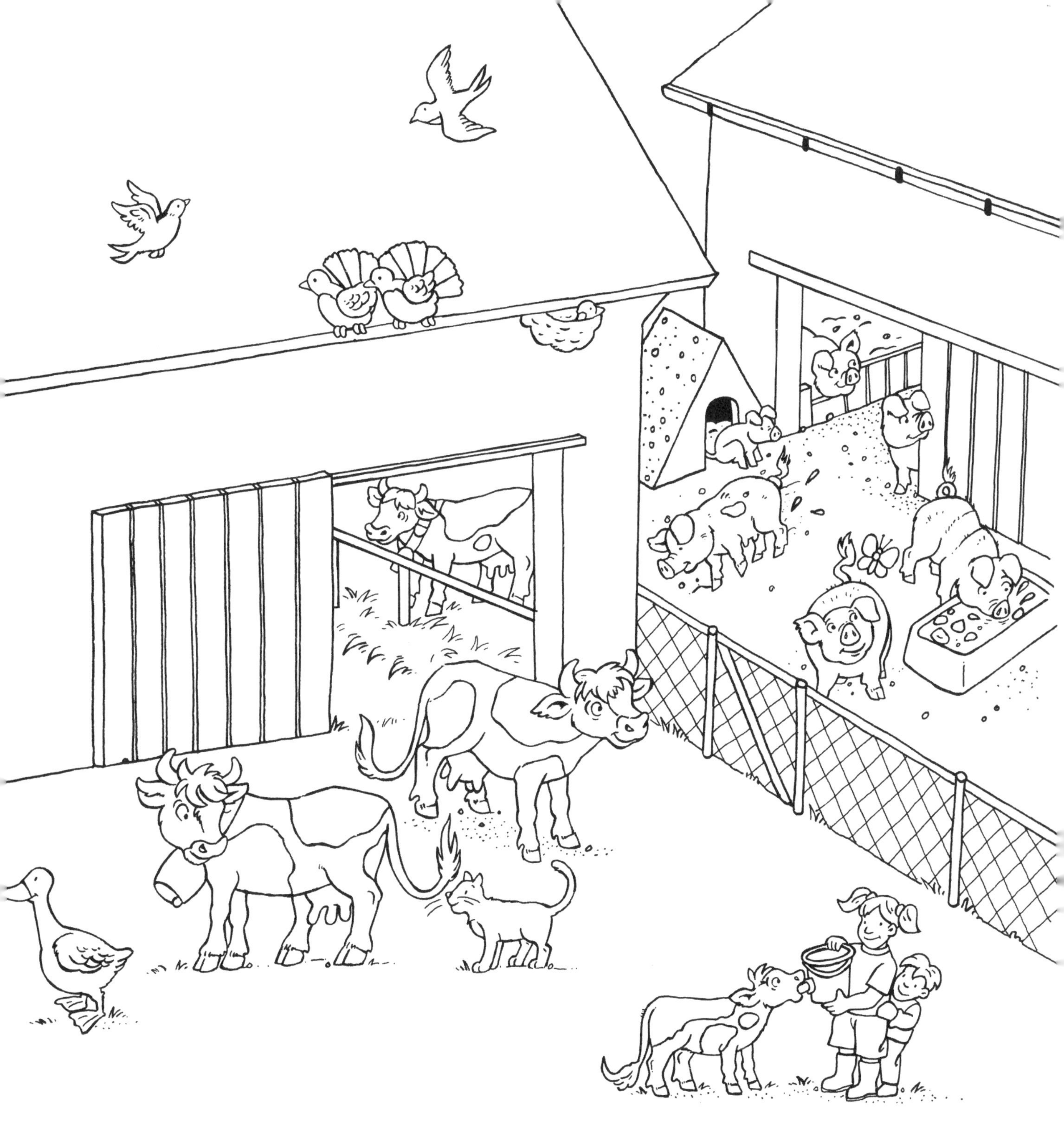

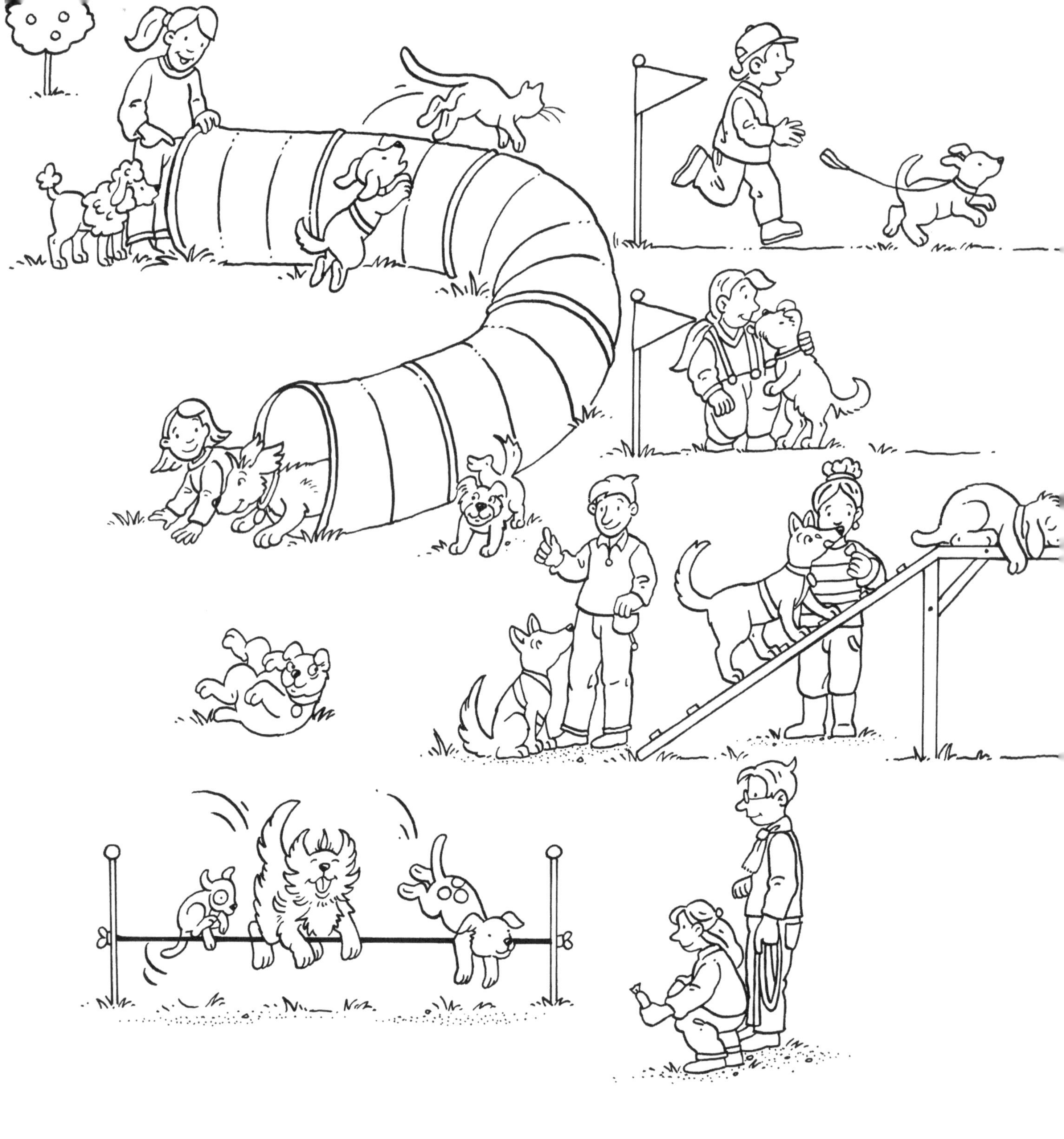

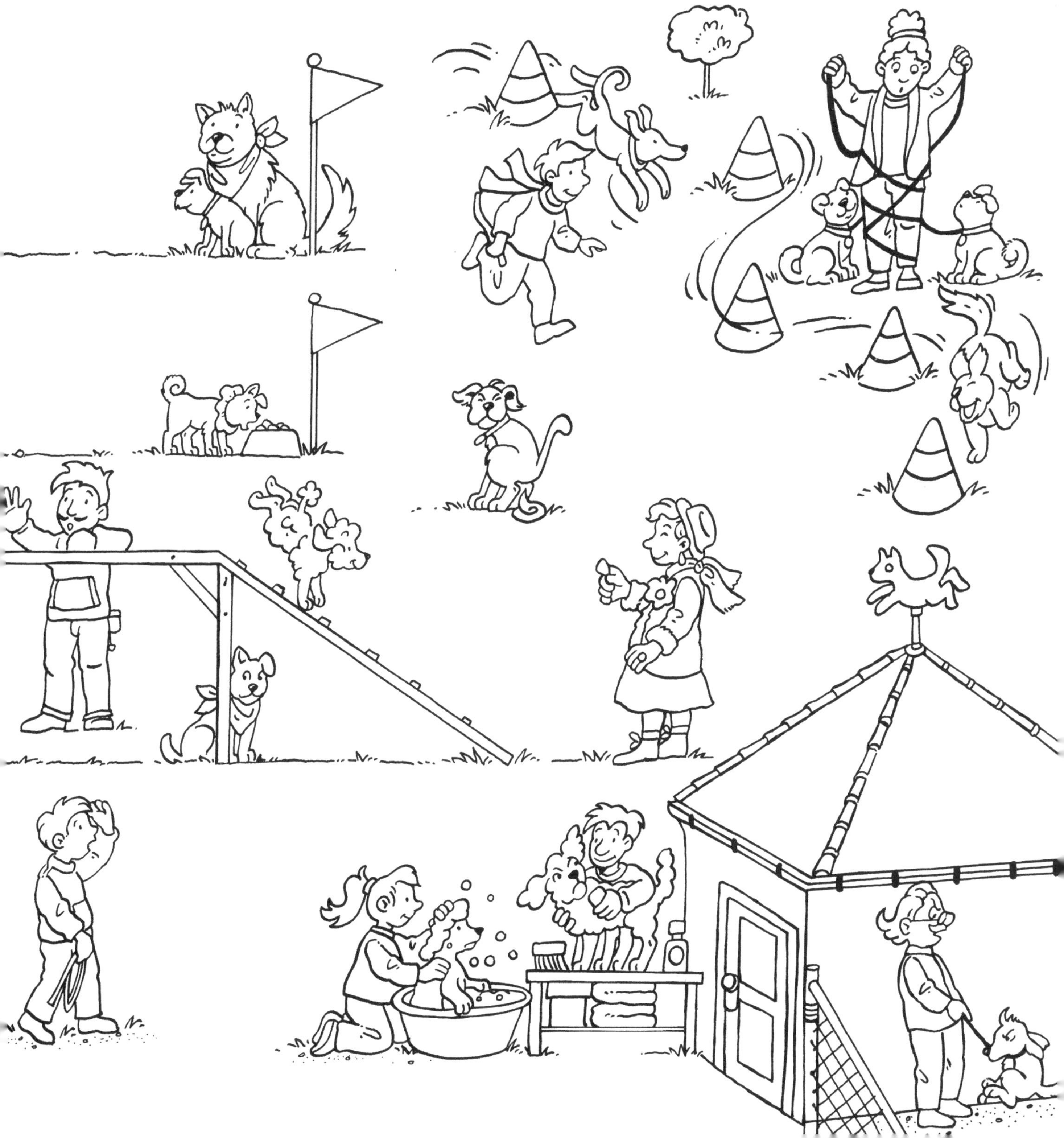

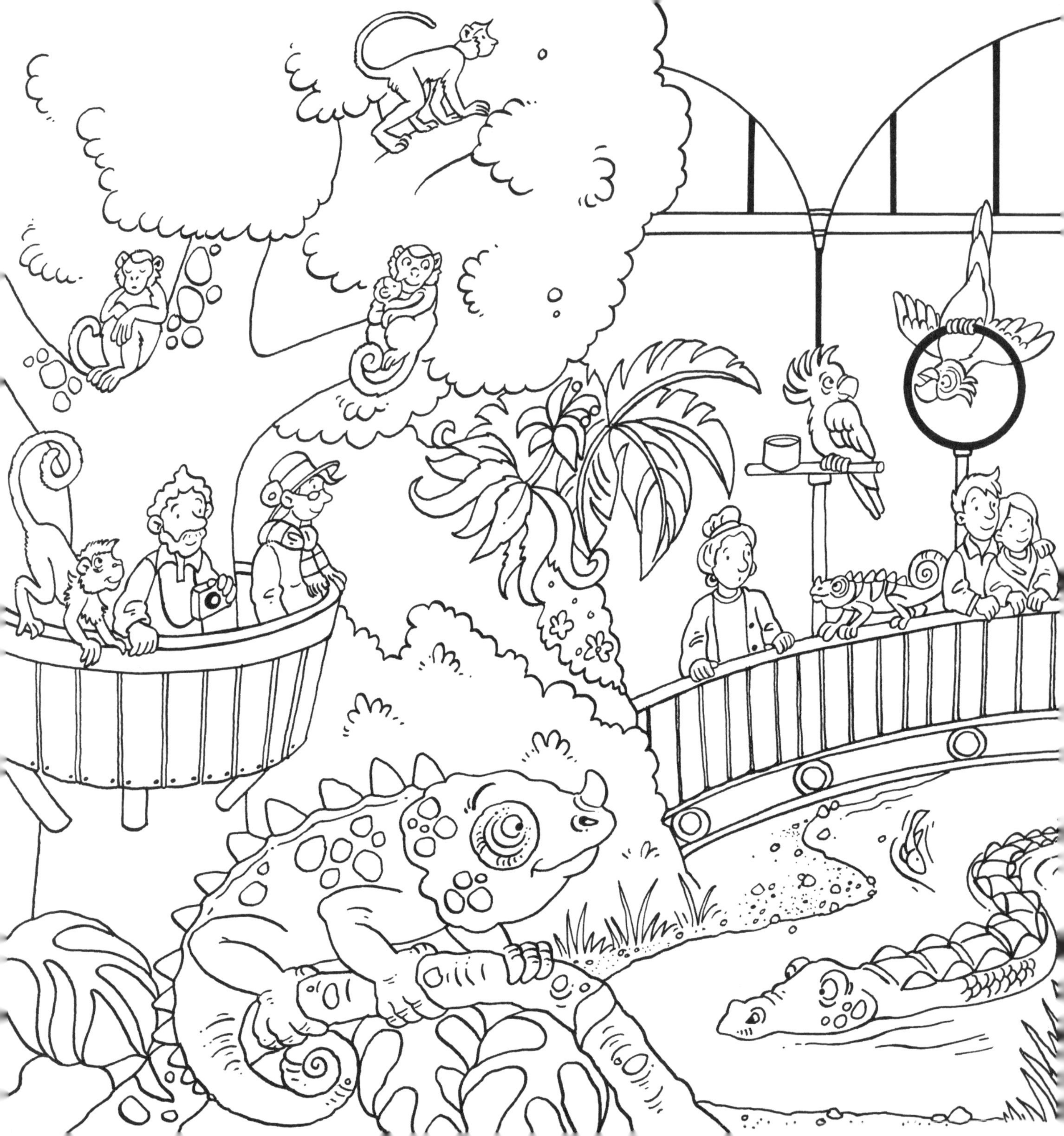

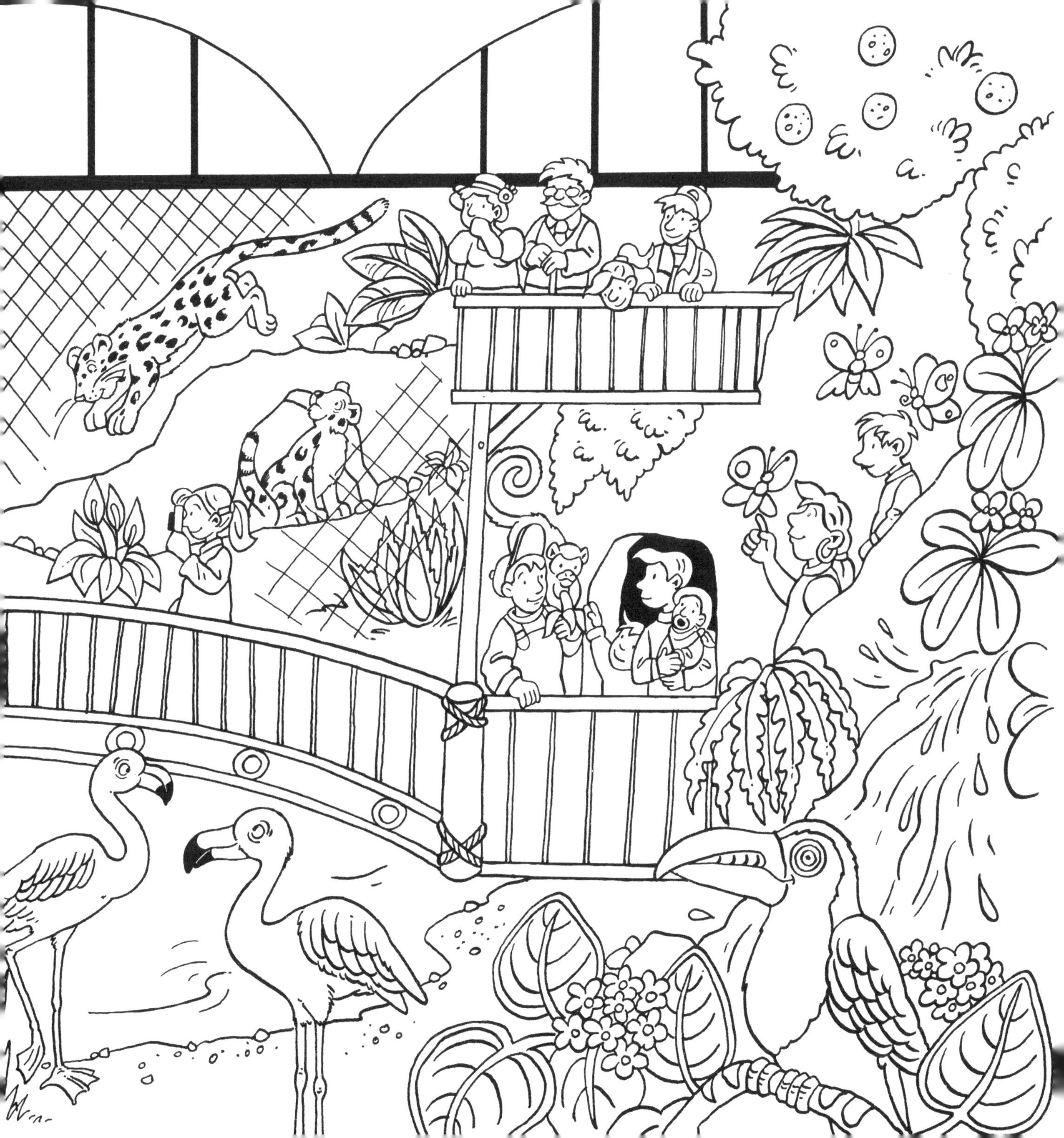

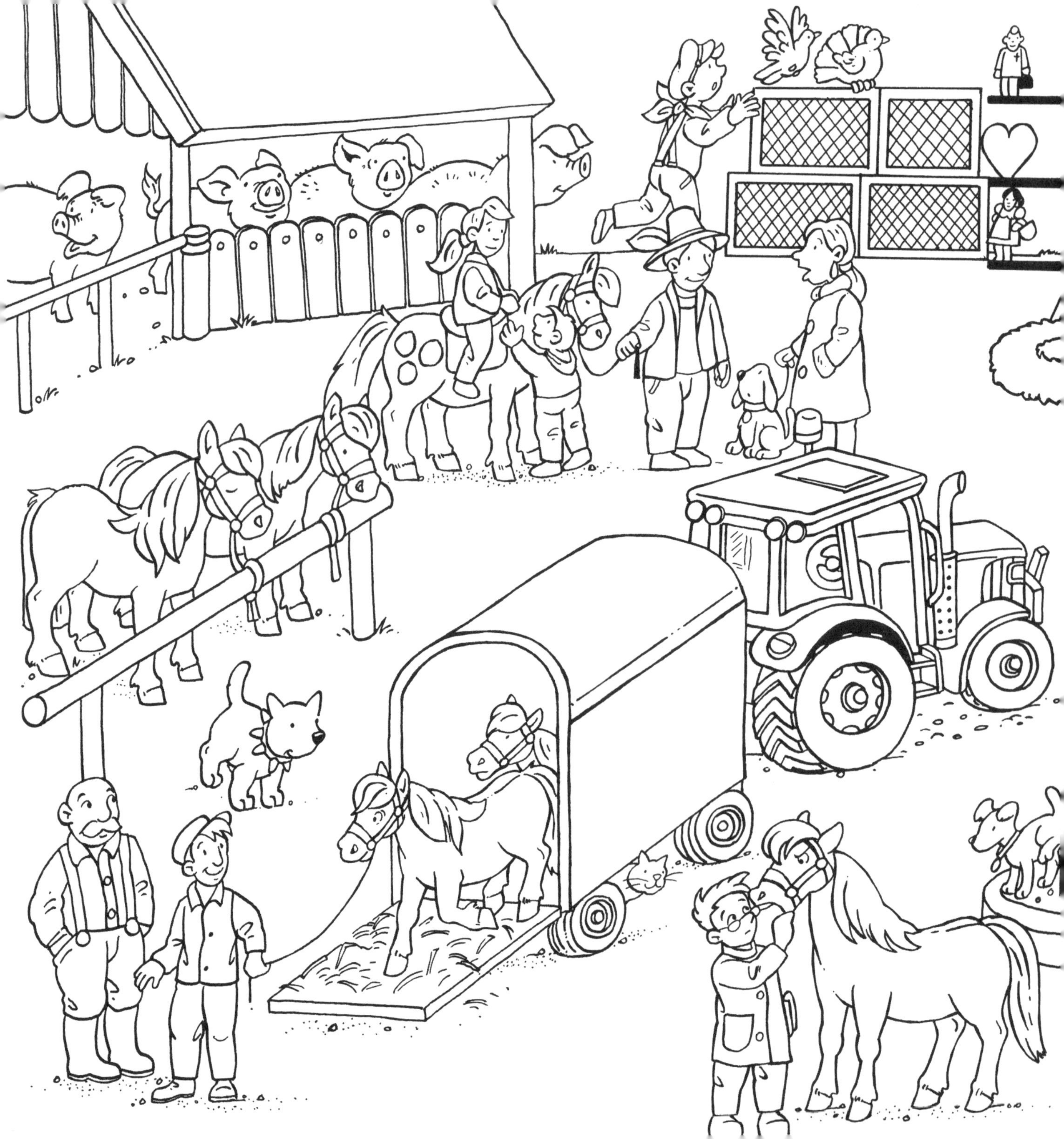

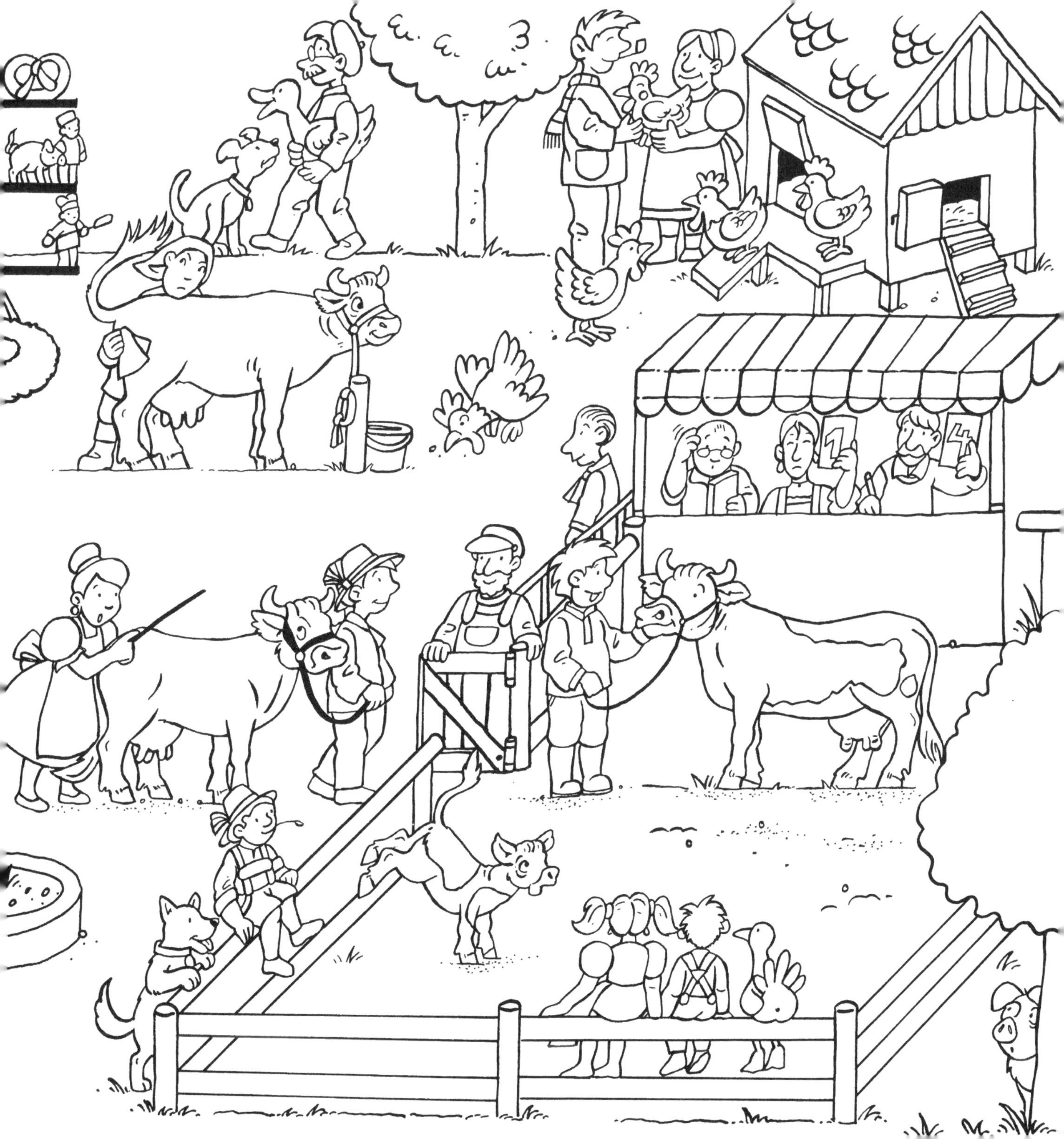
1
4

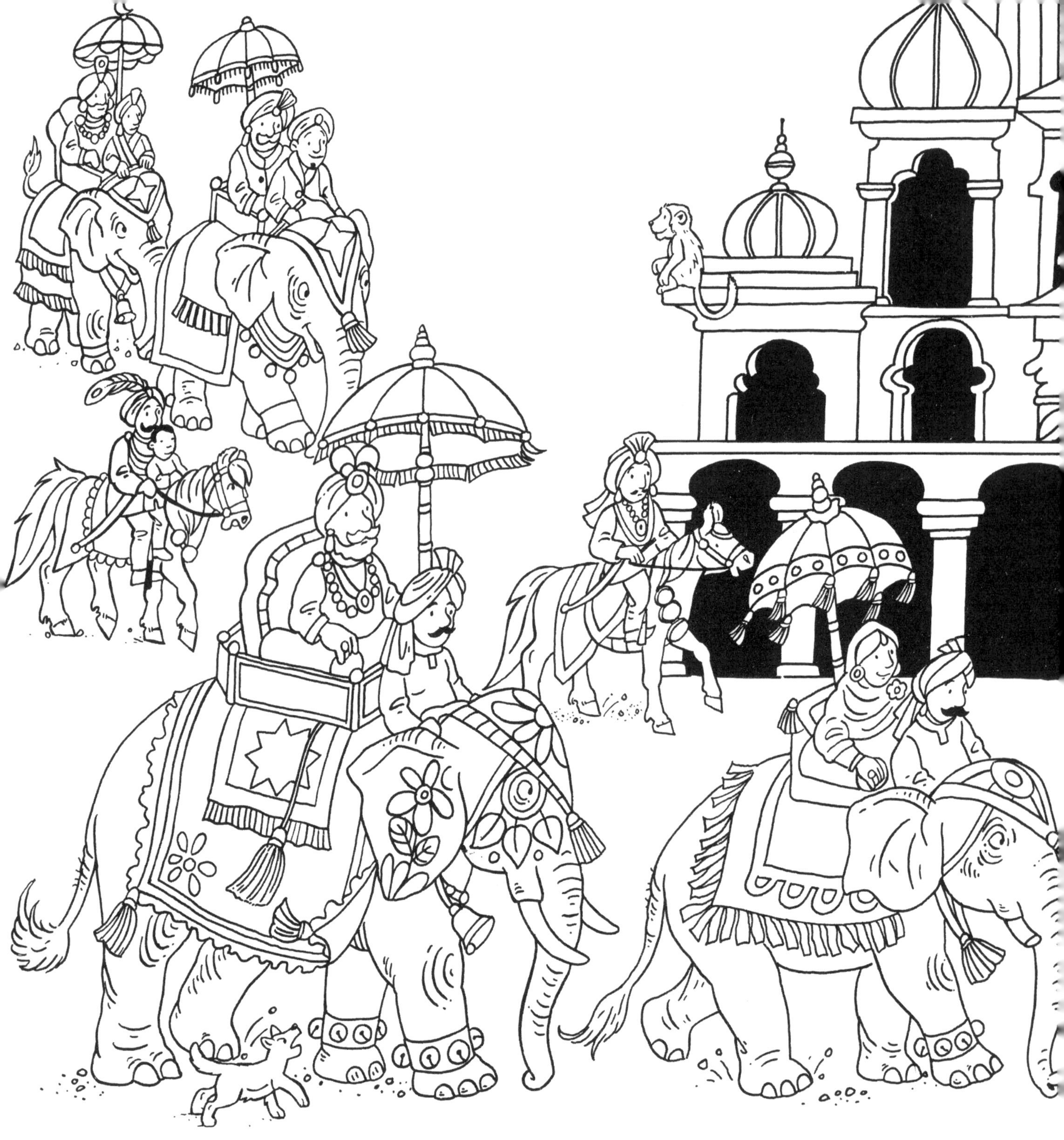

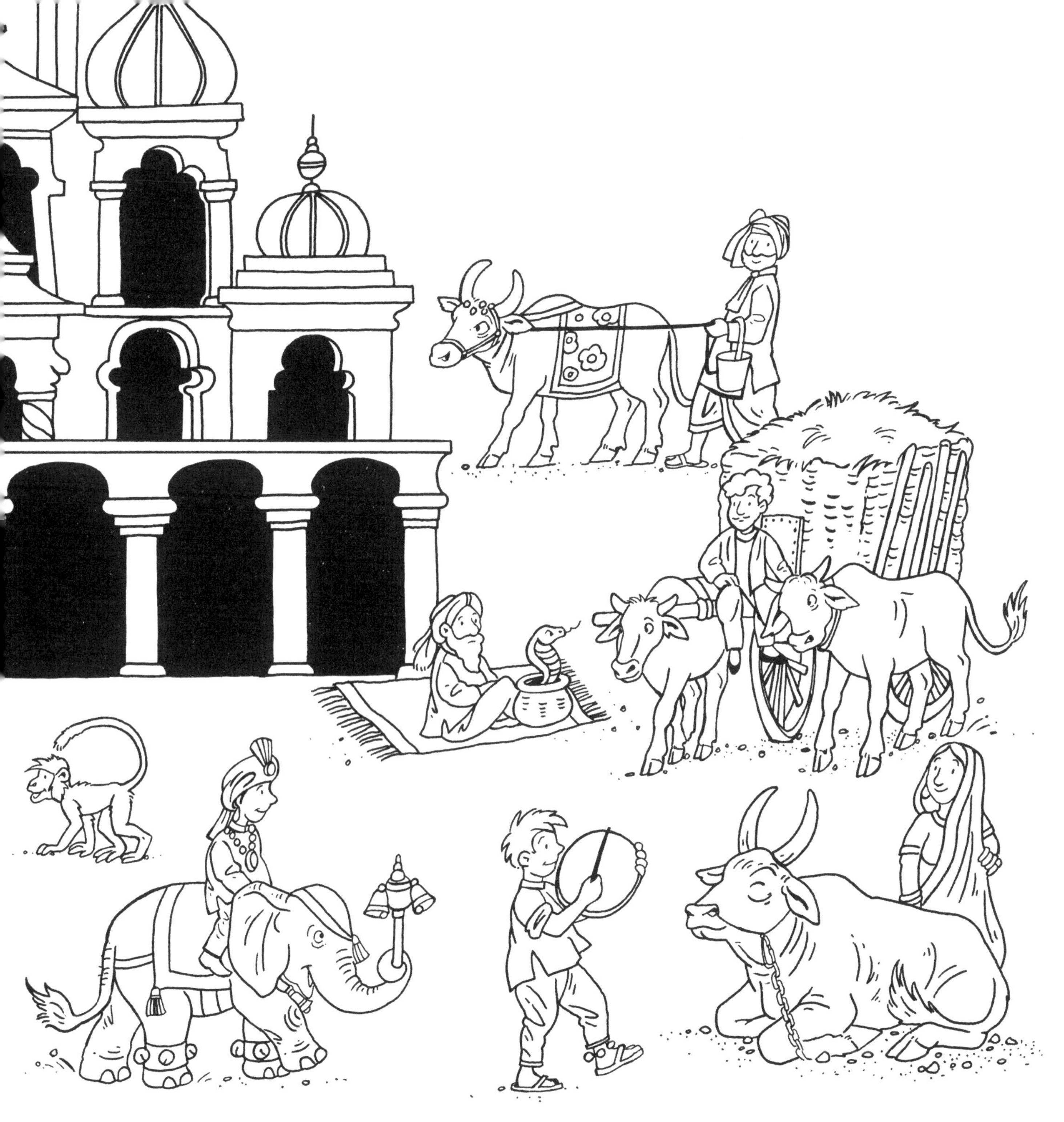

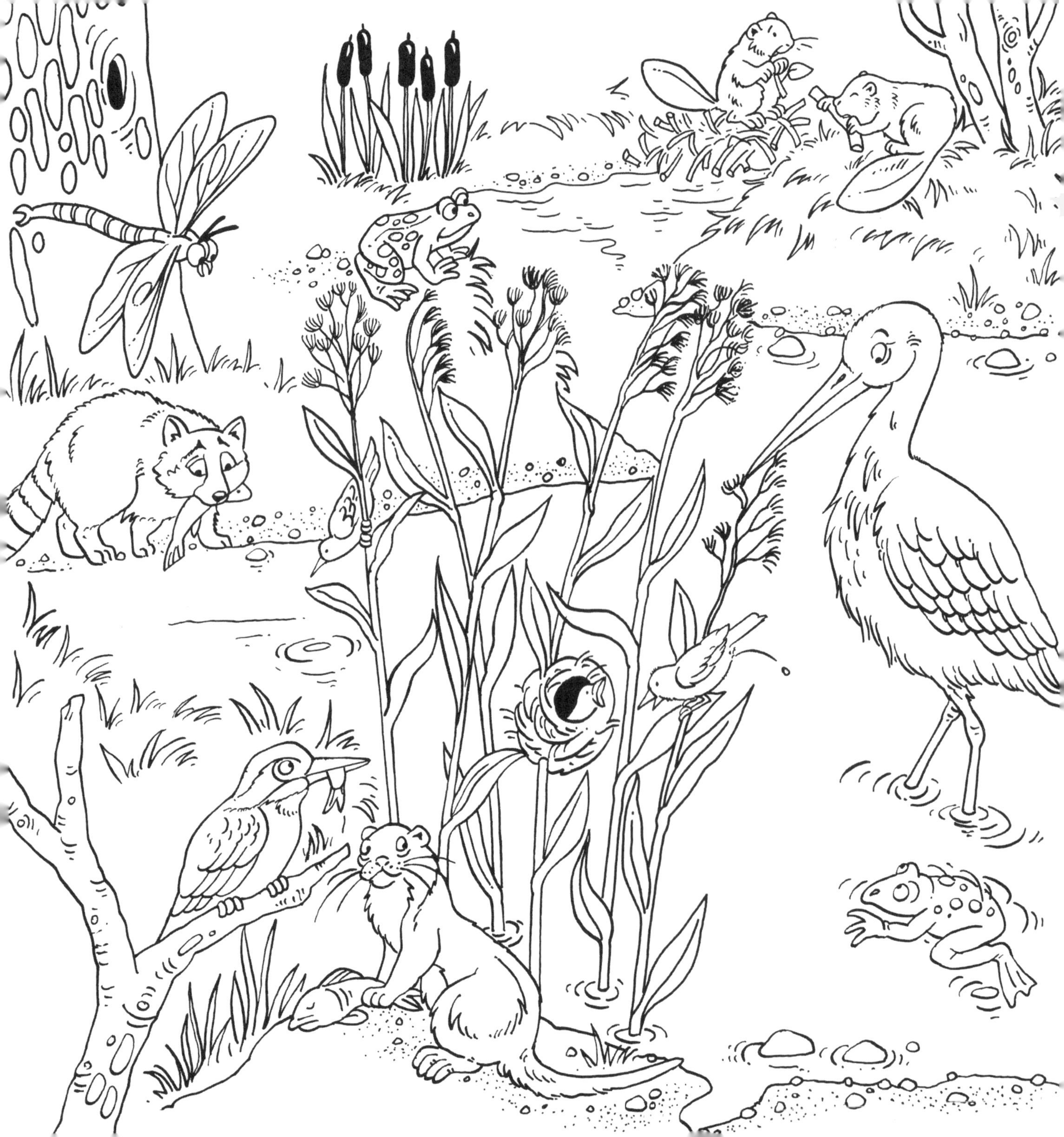

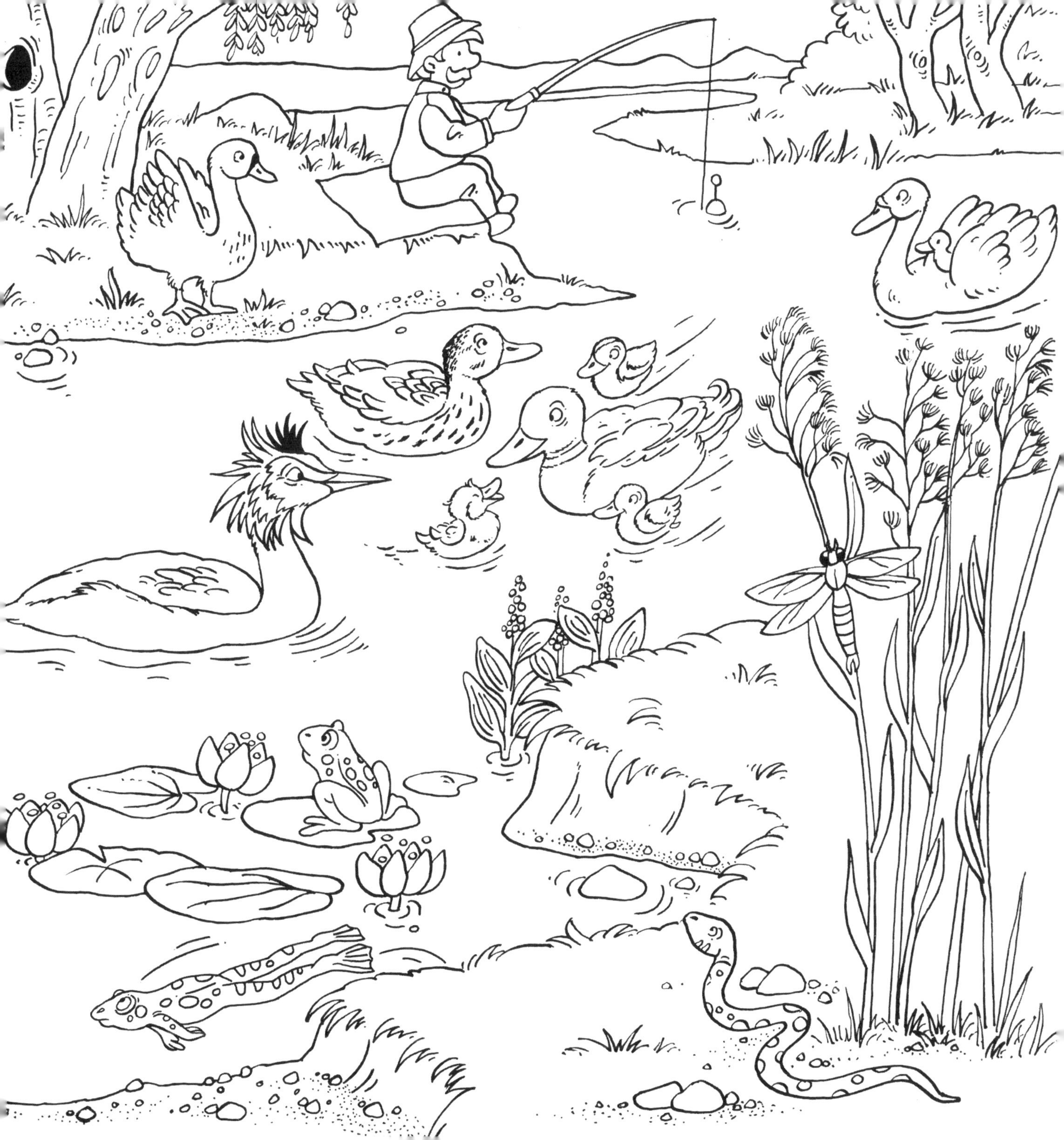

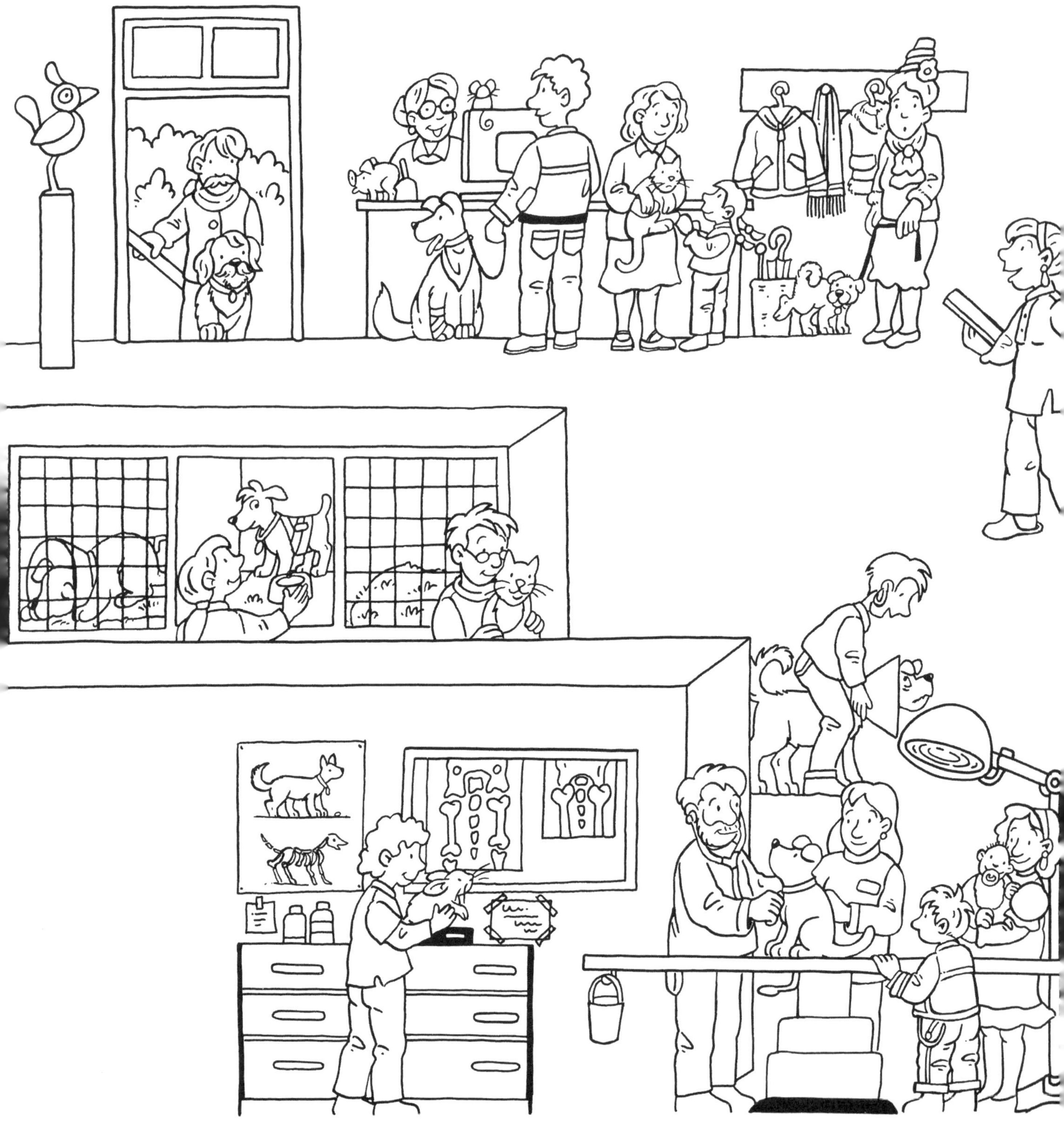

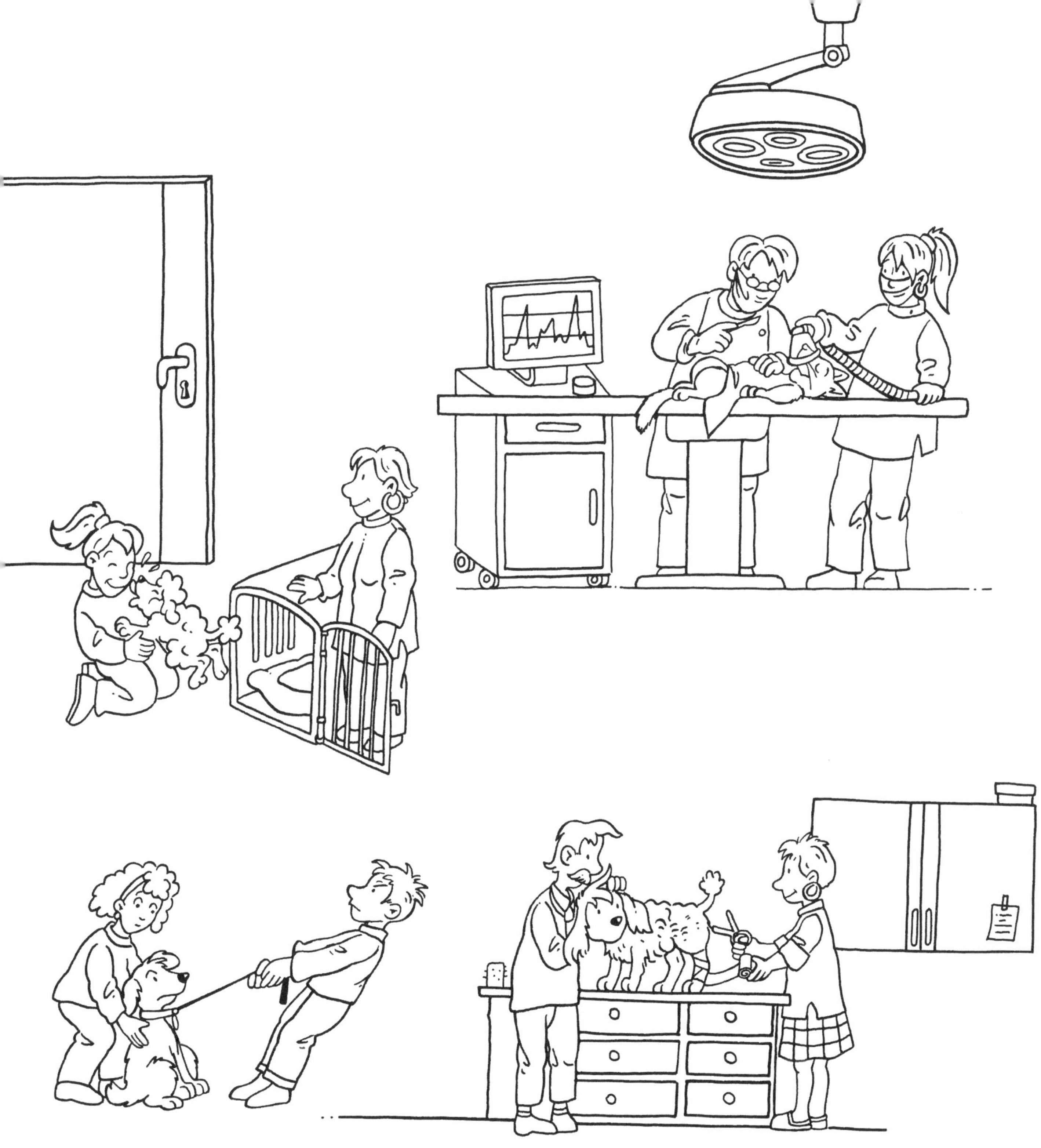

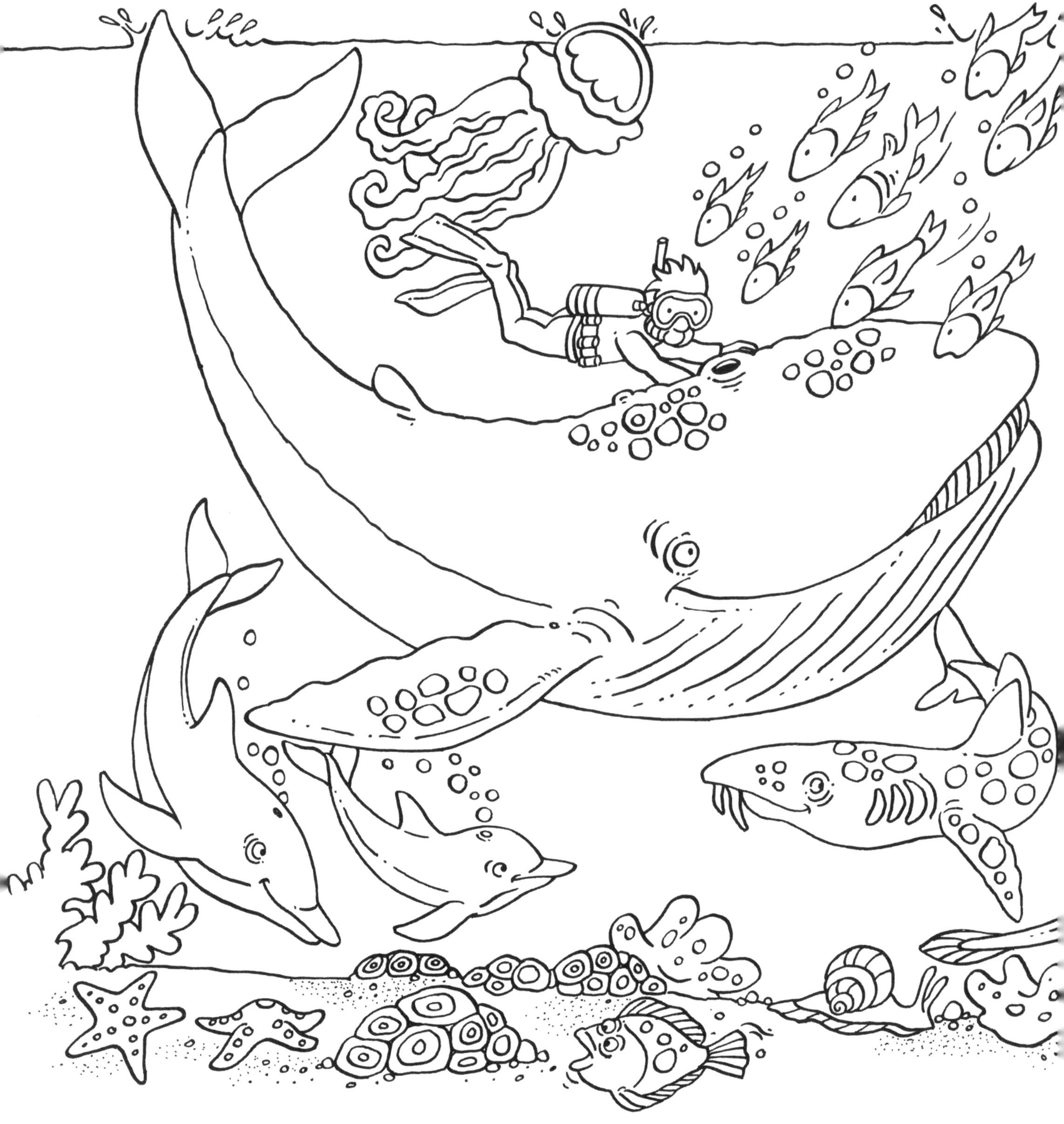

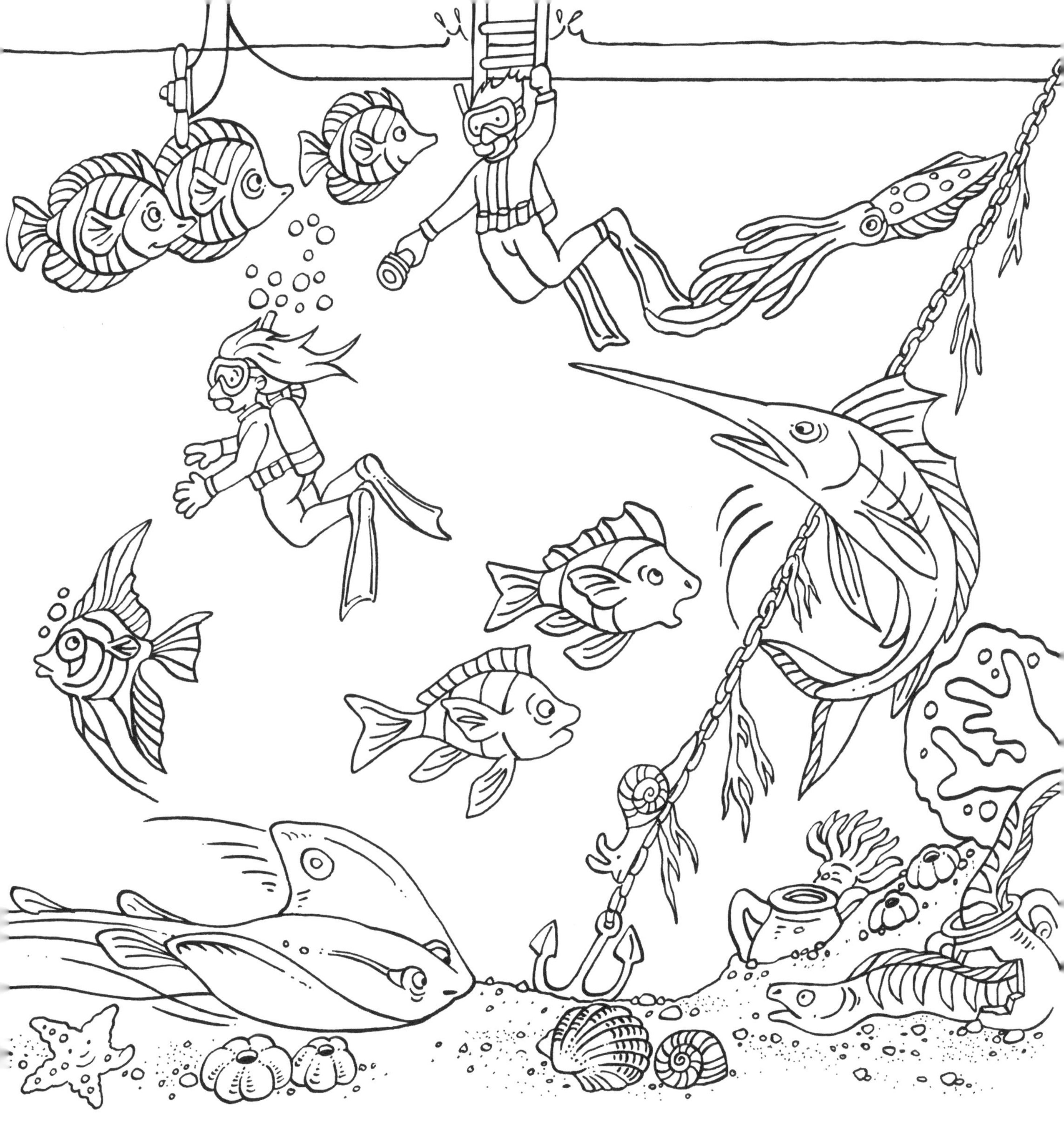

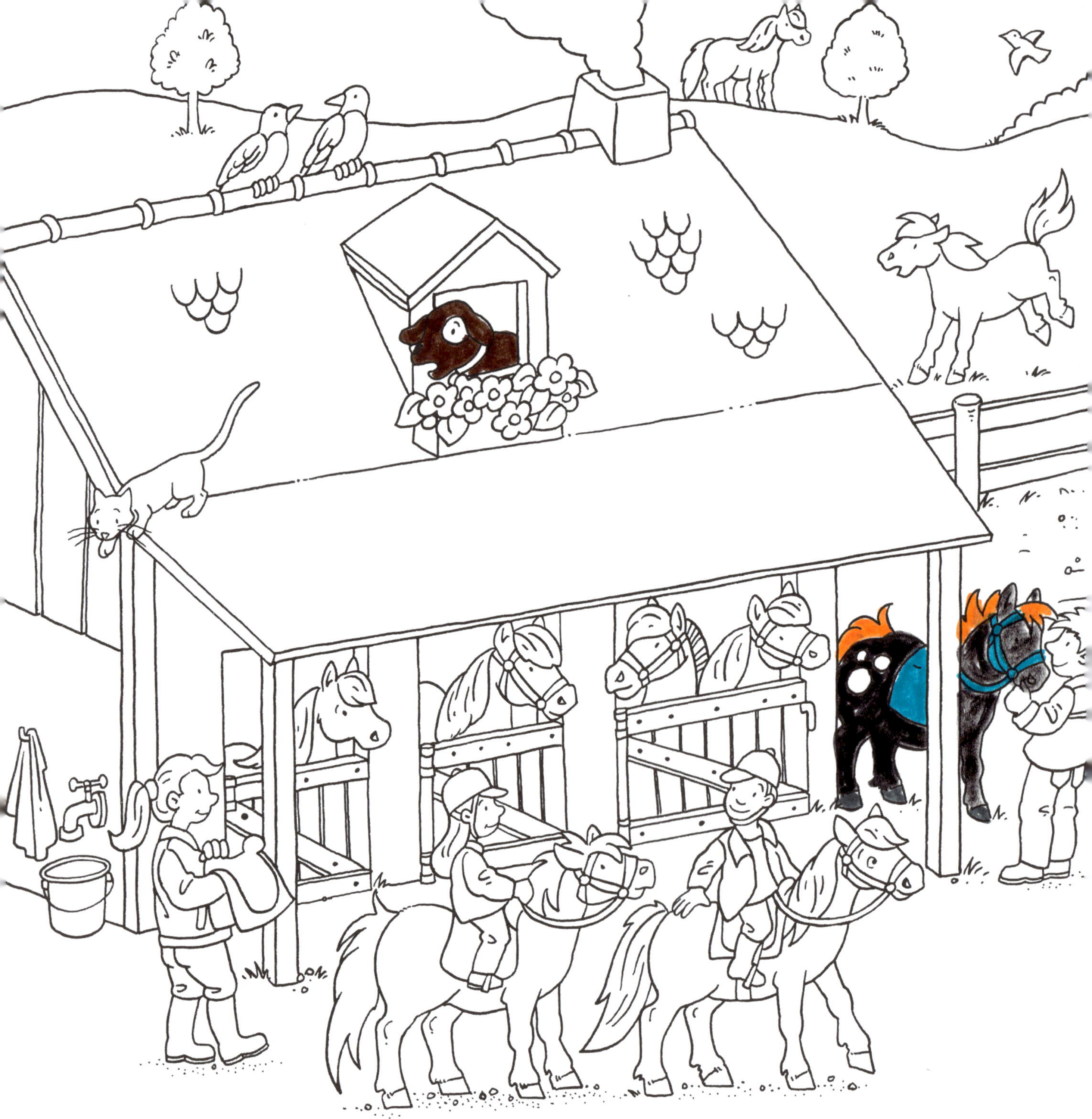

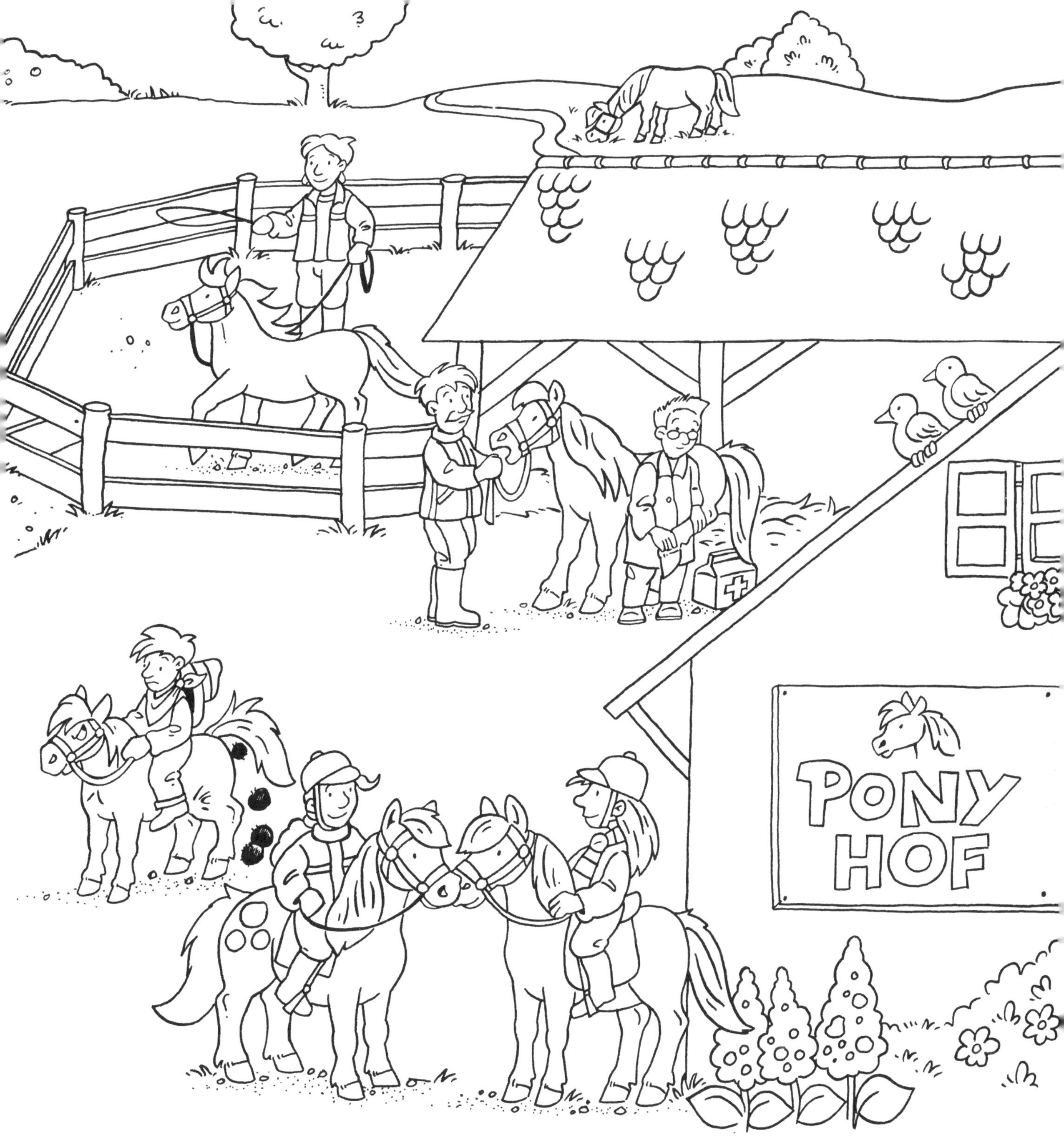
PONY
HOF

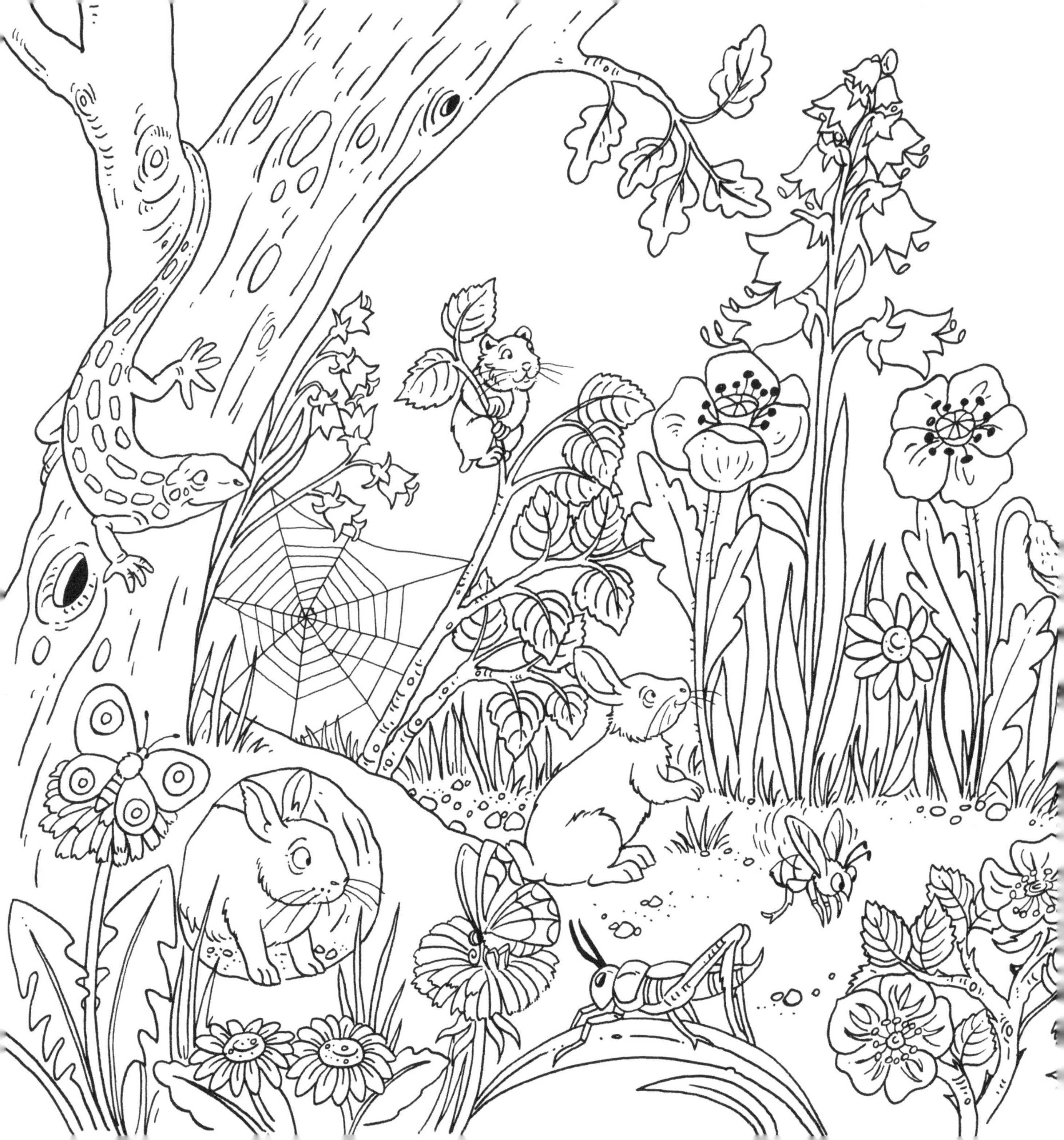

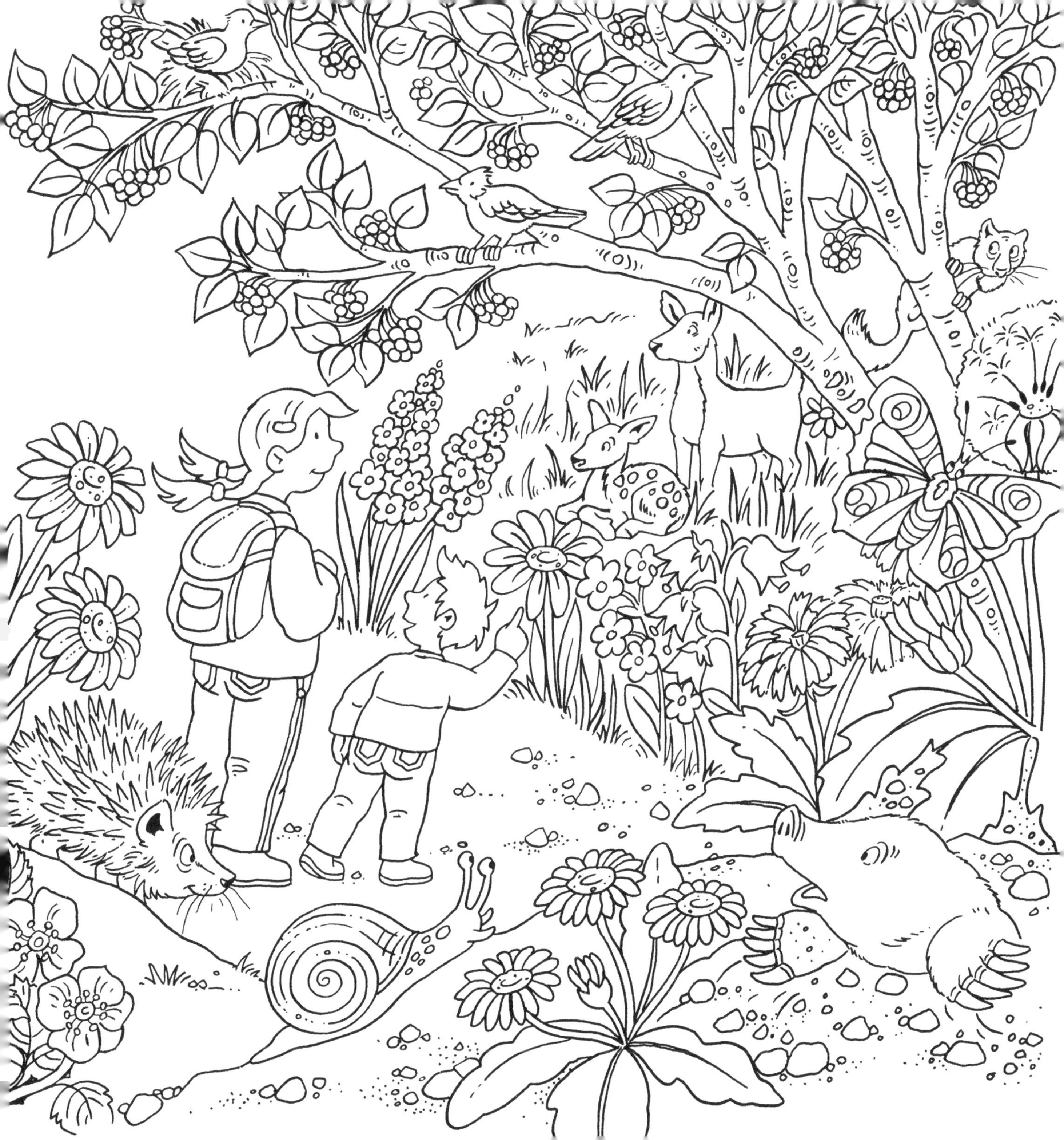

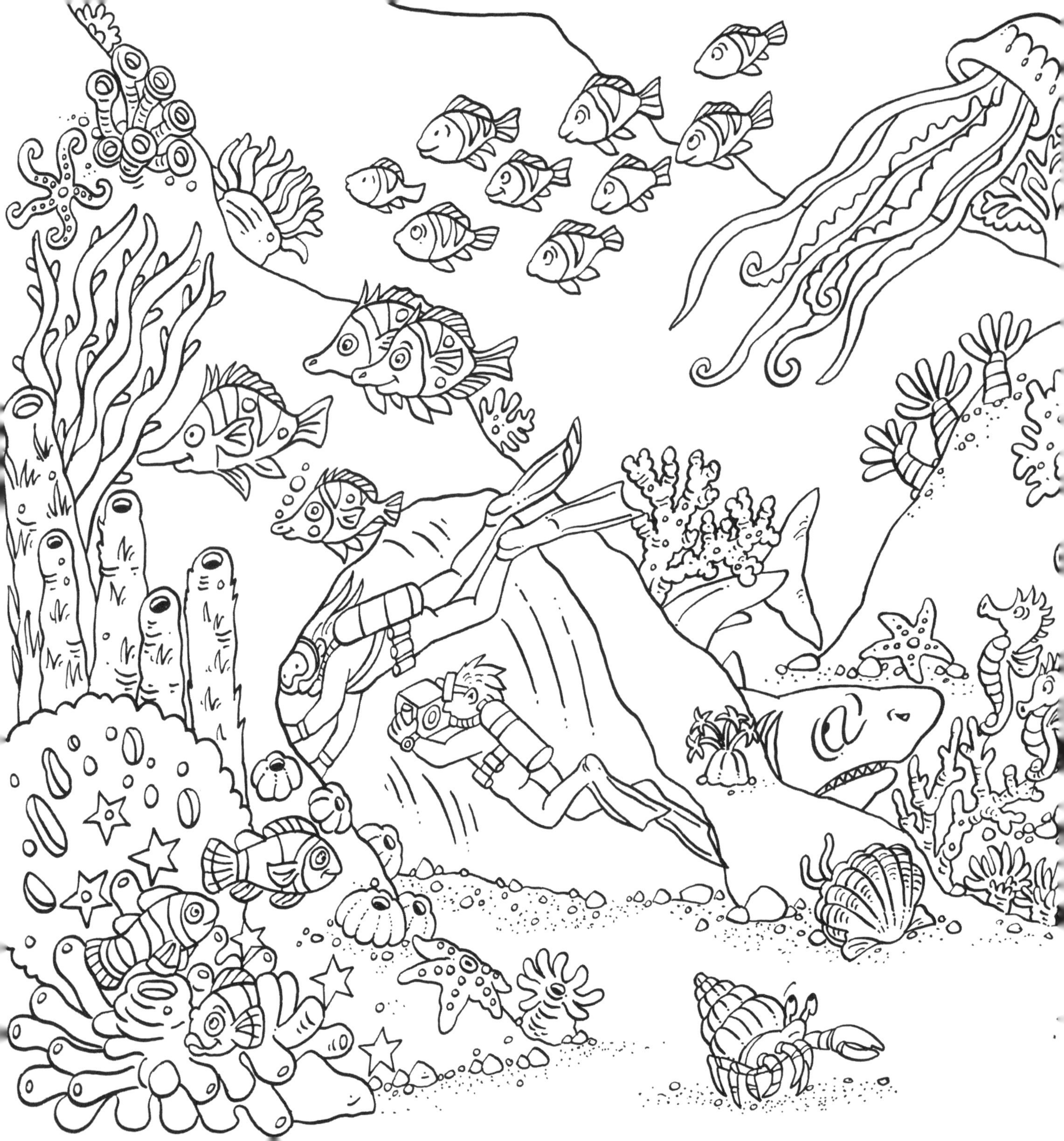

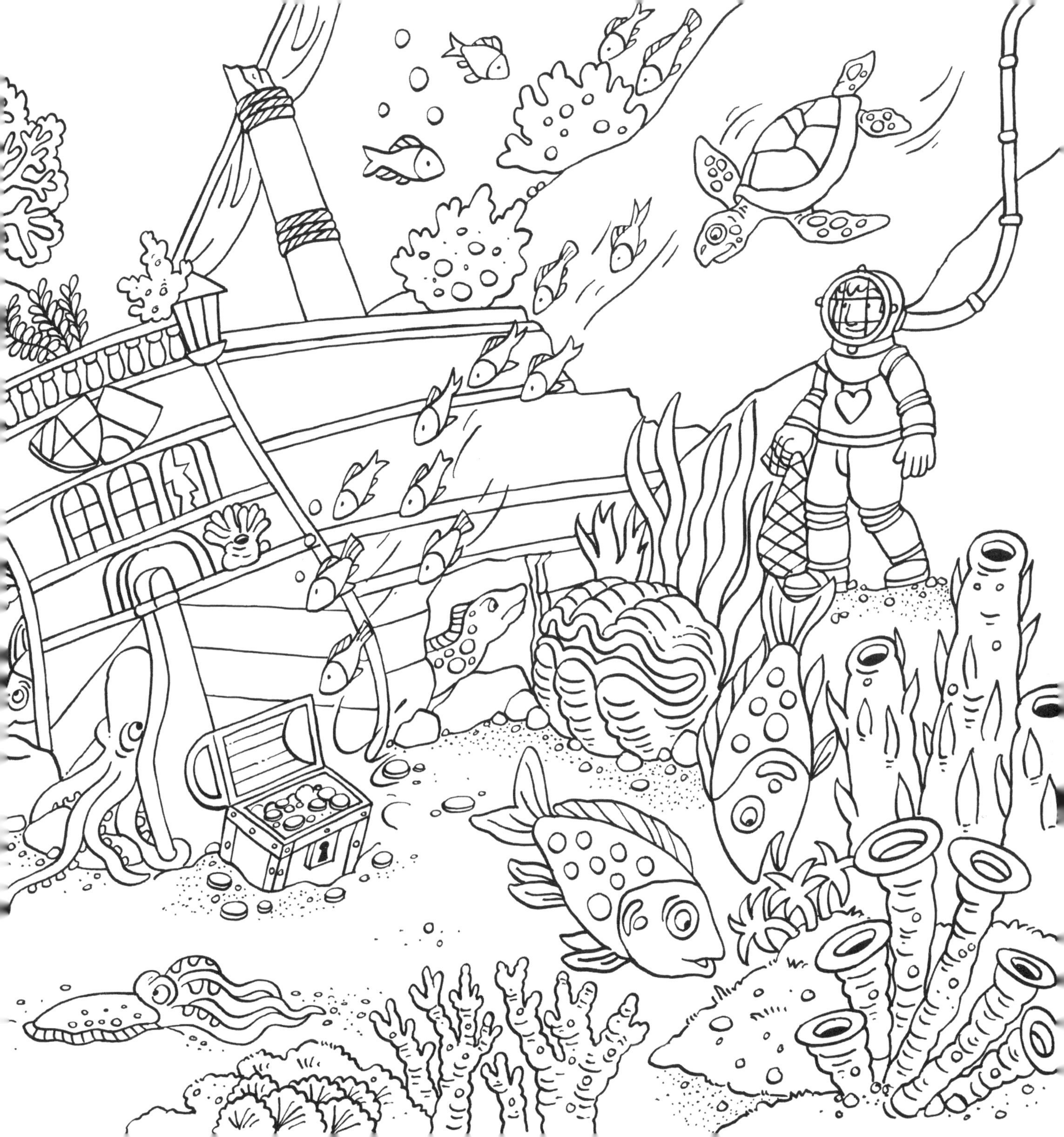

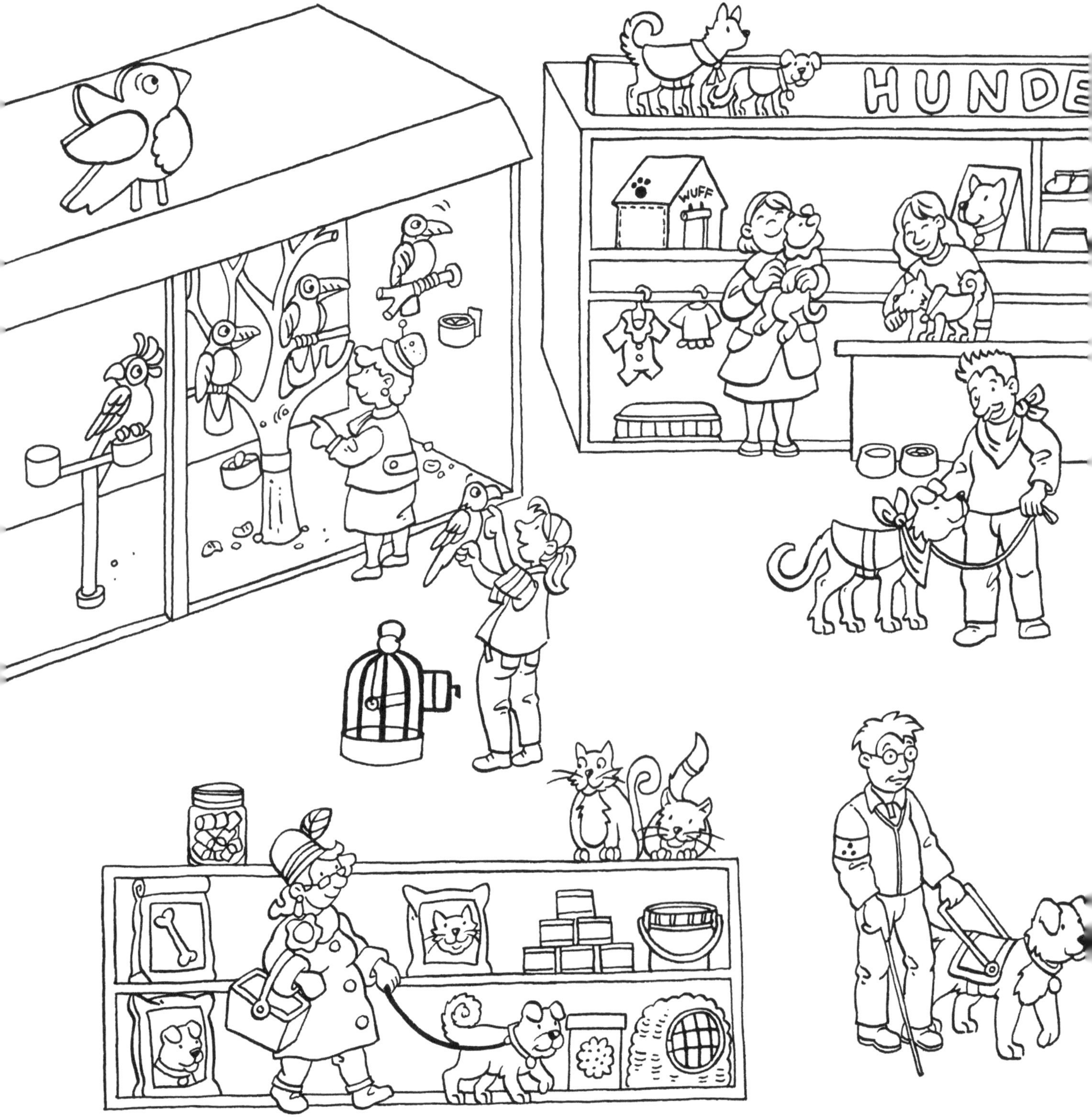
HUNDE
WUFF

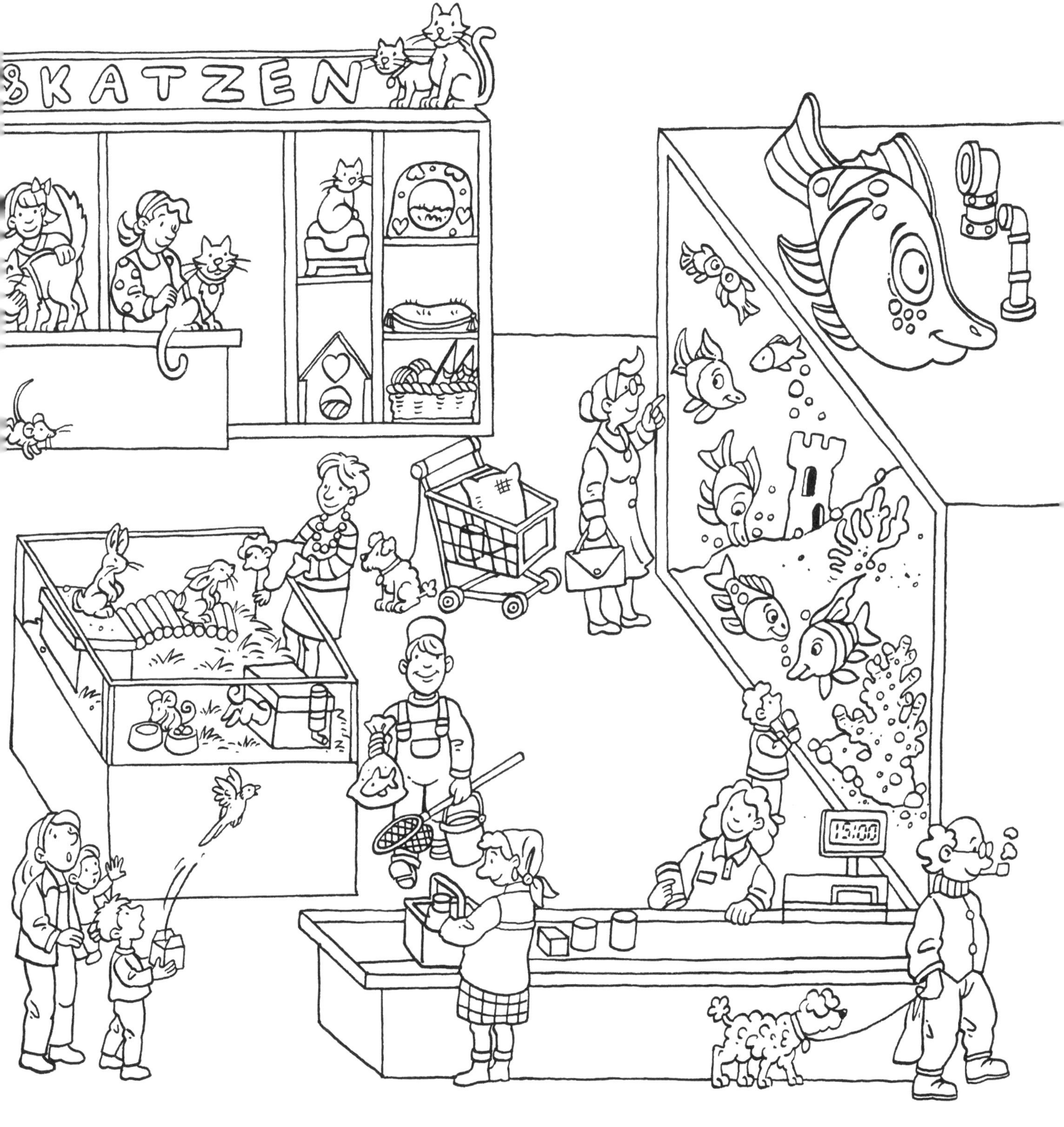
KATZEN
15:00

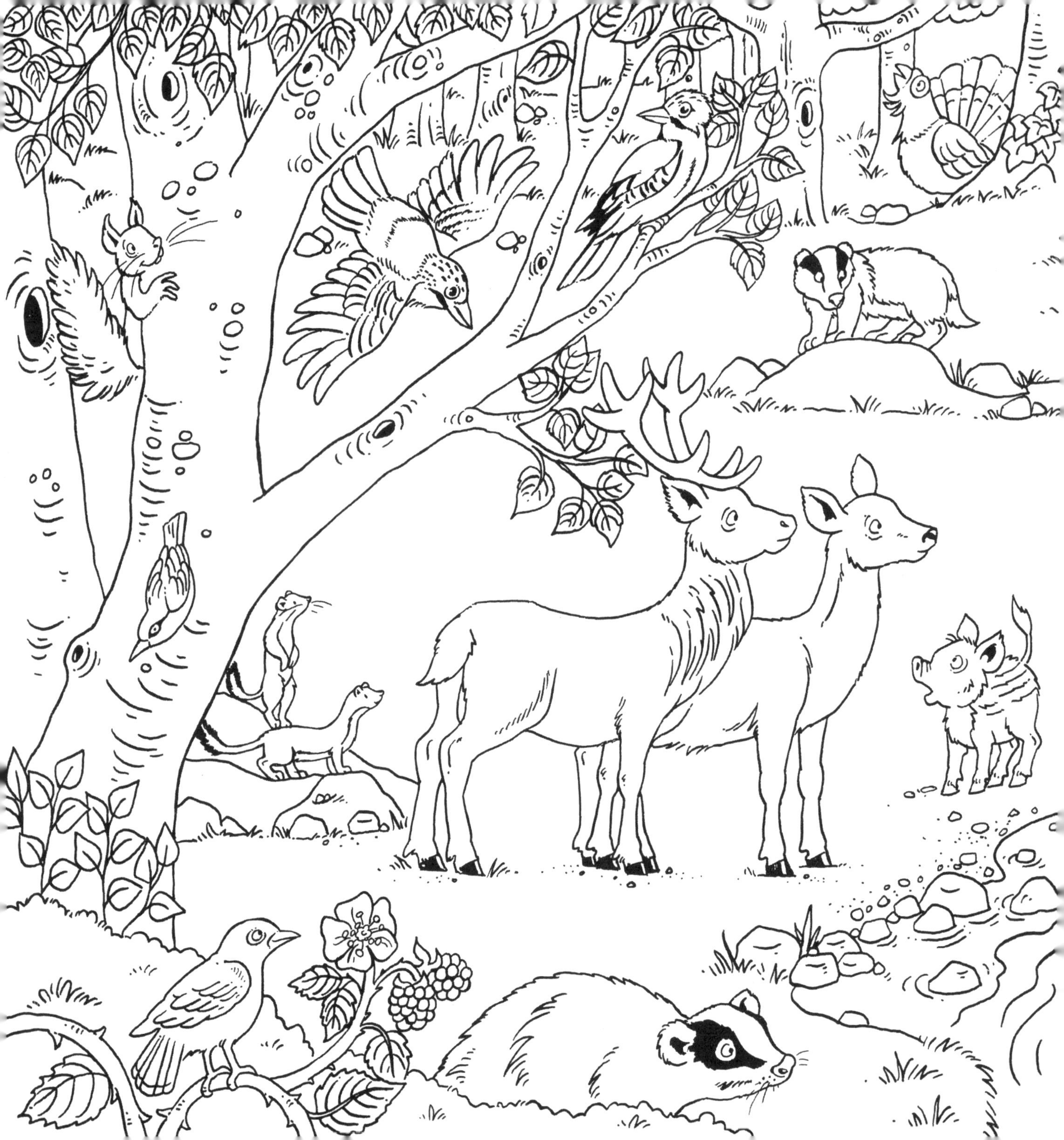

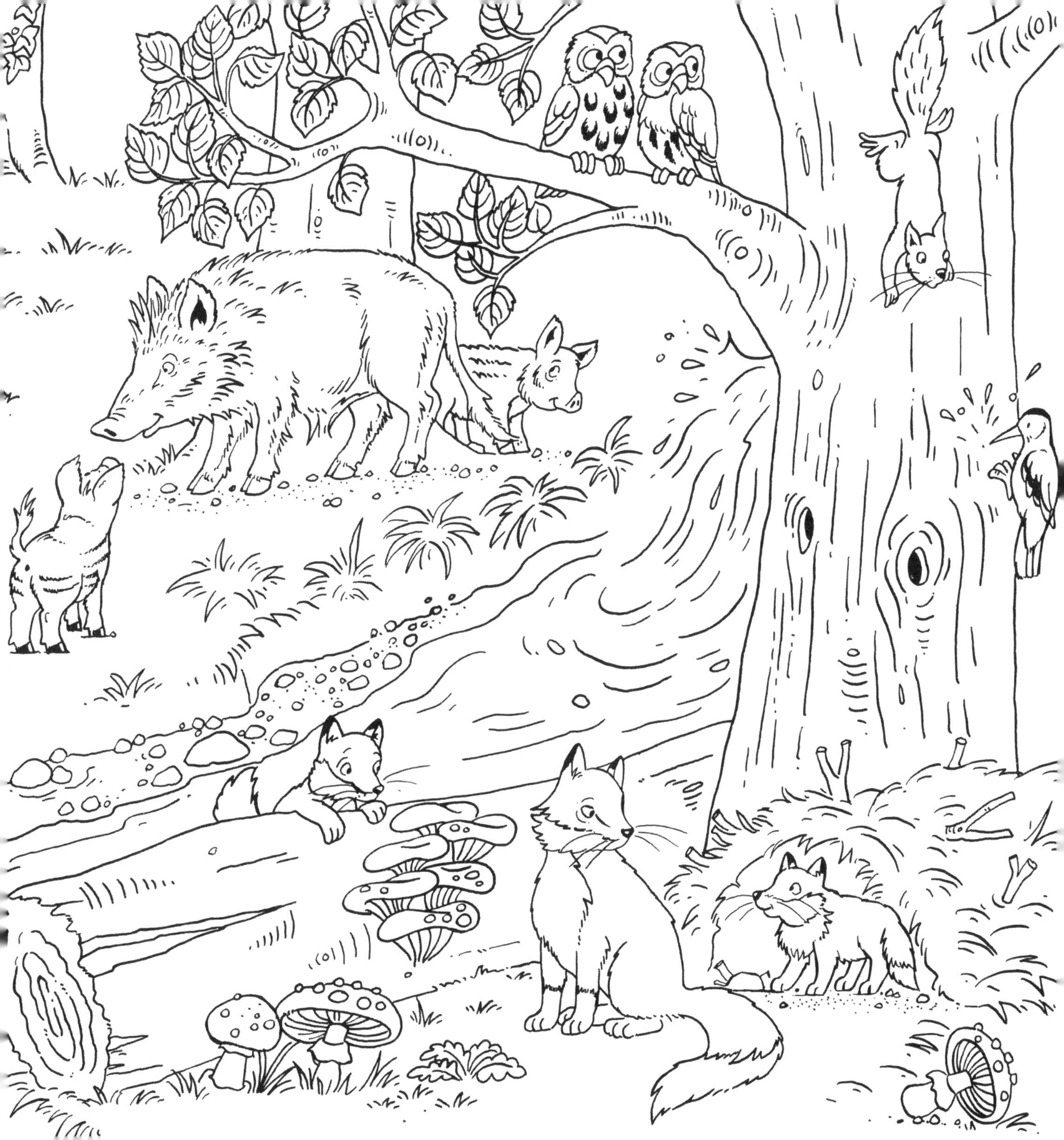

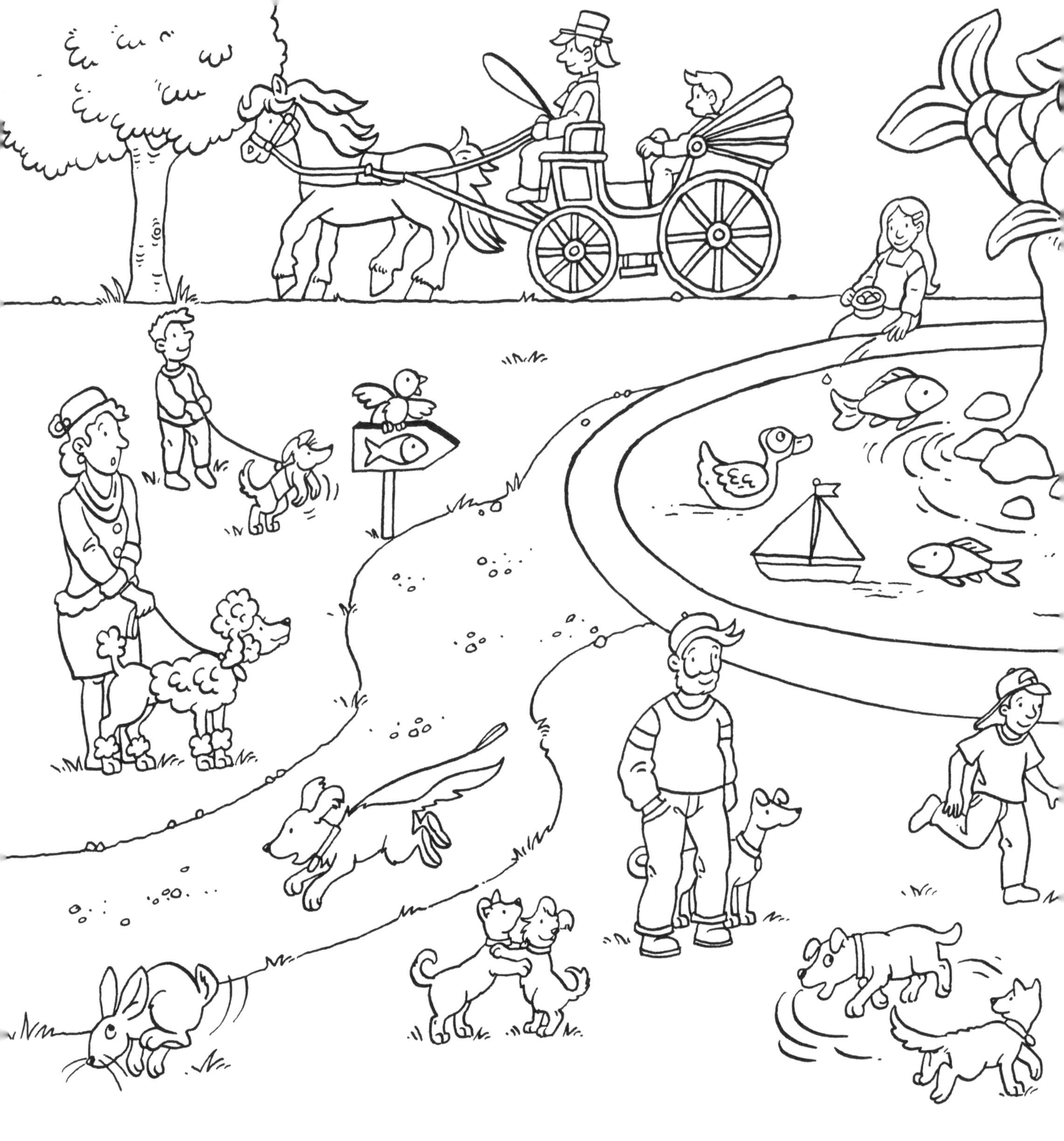

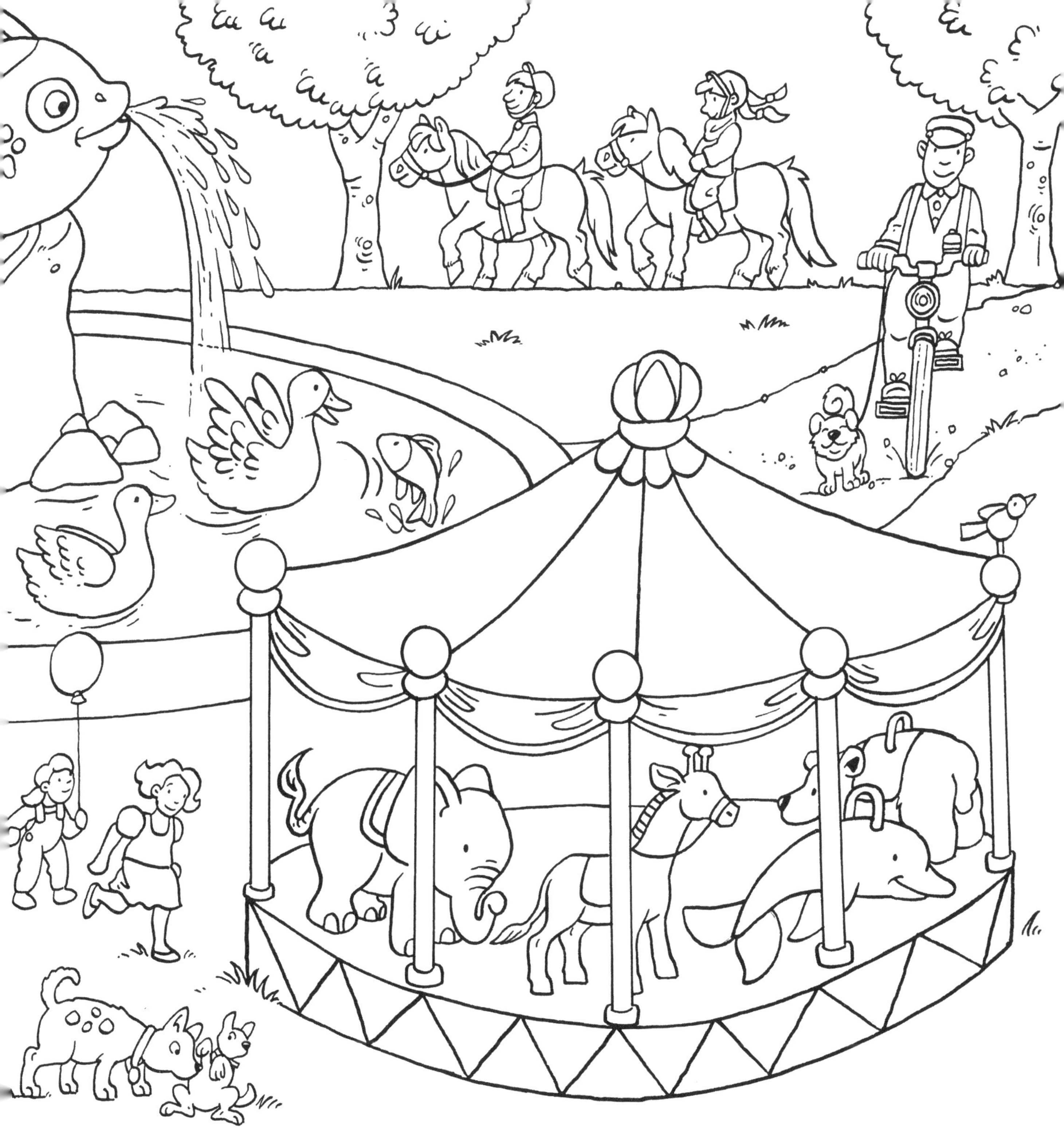

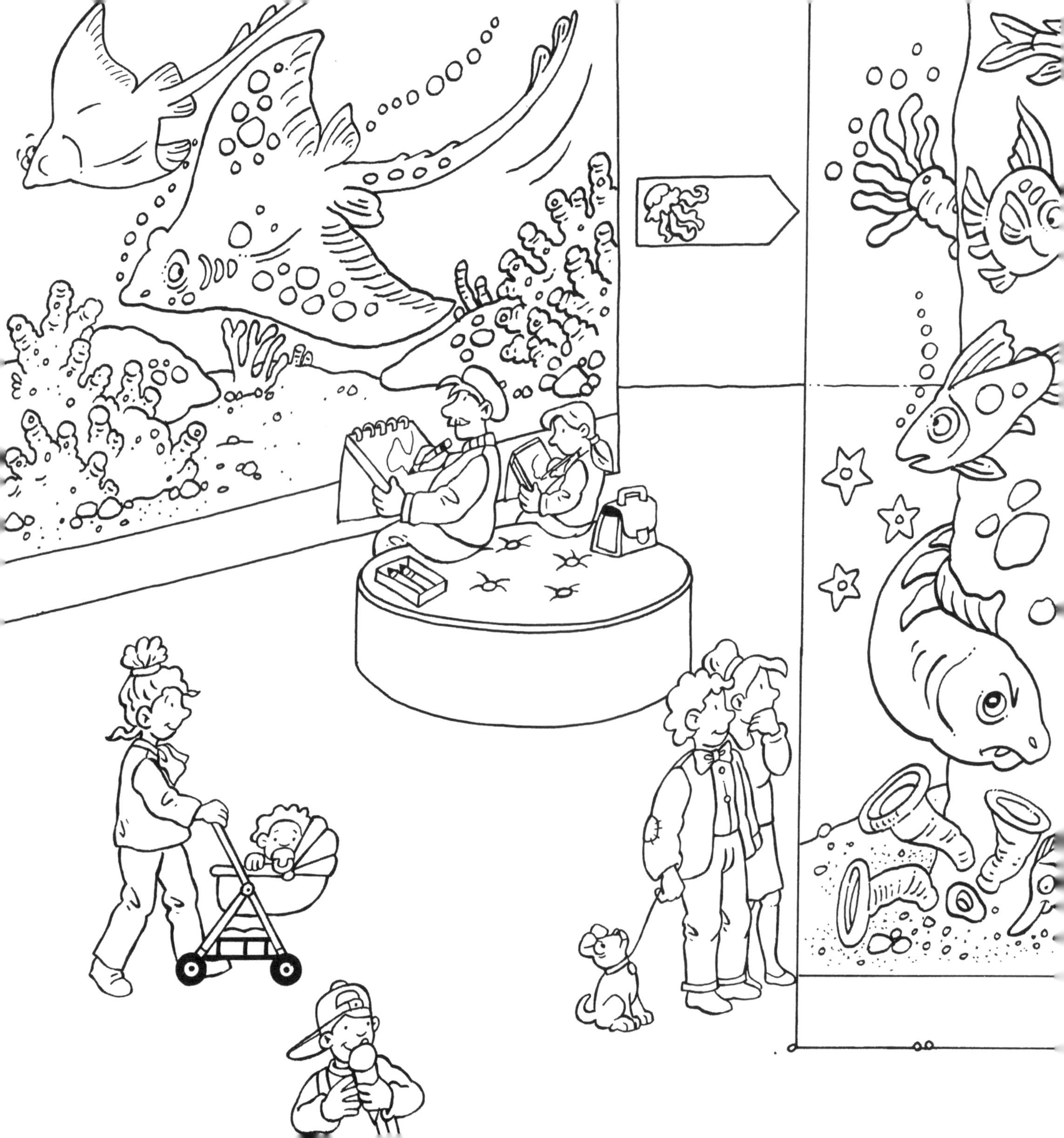

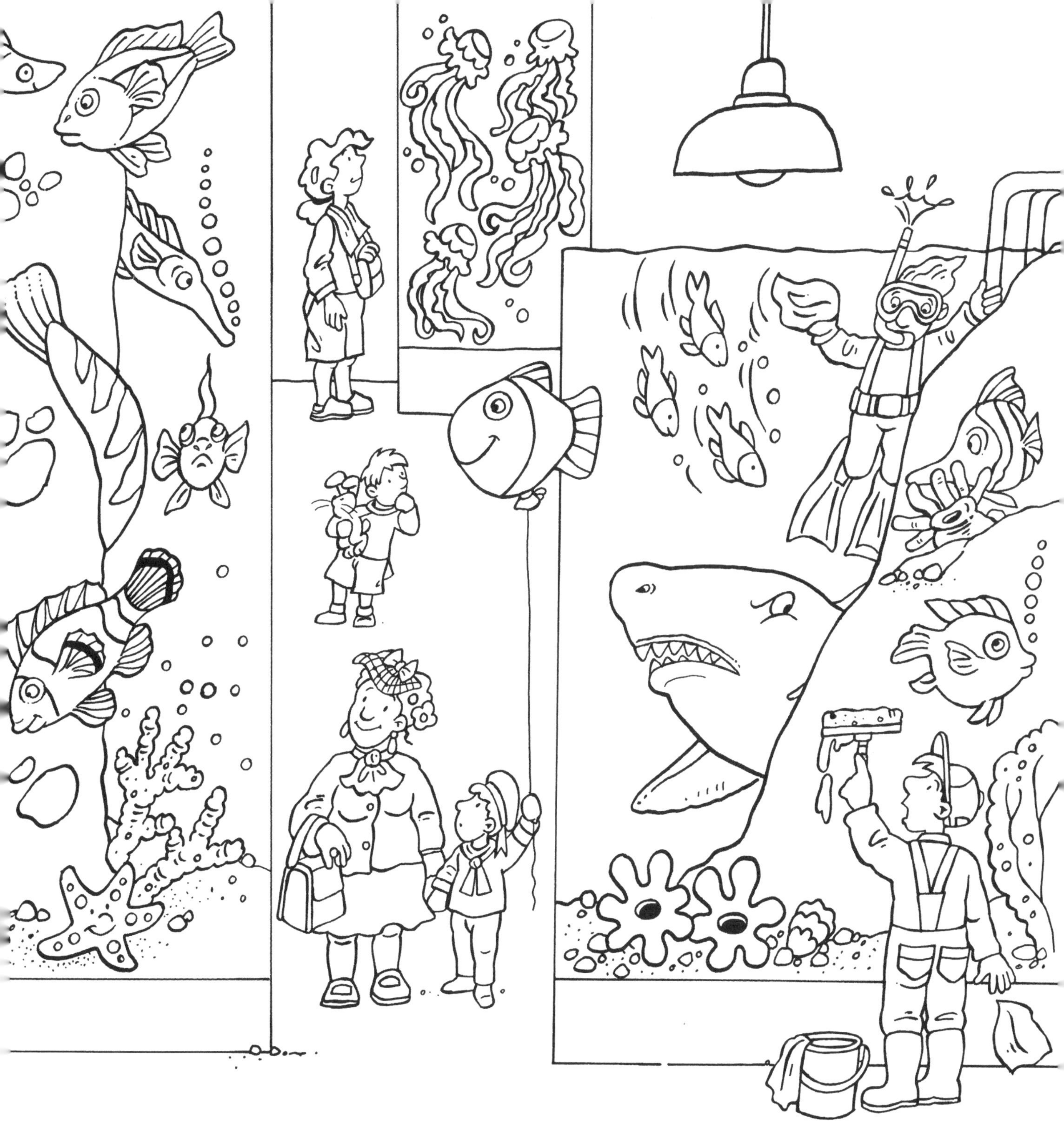

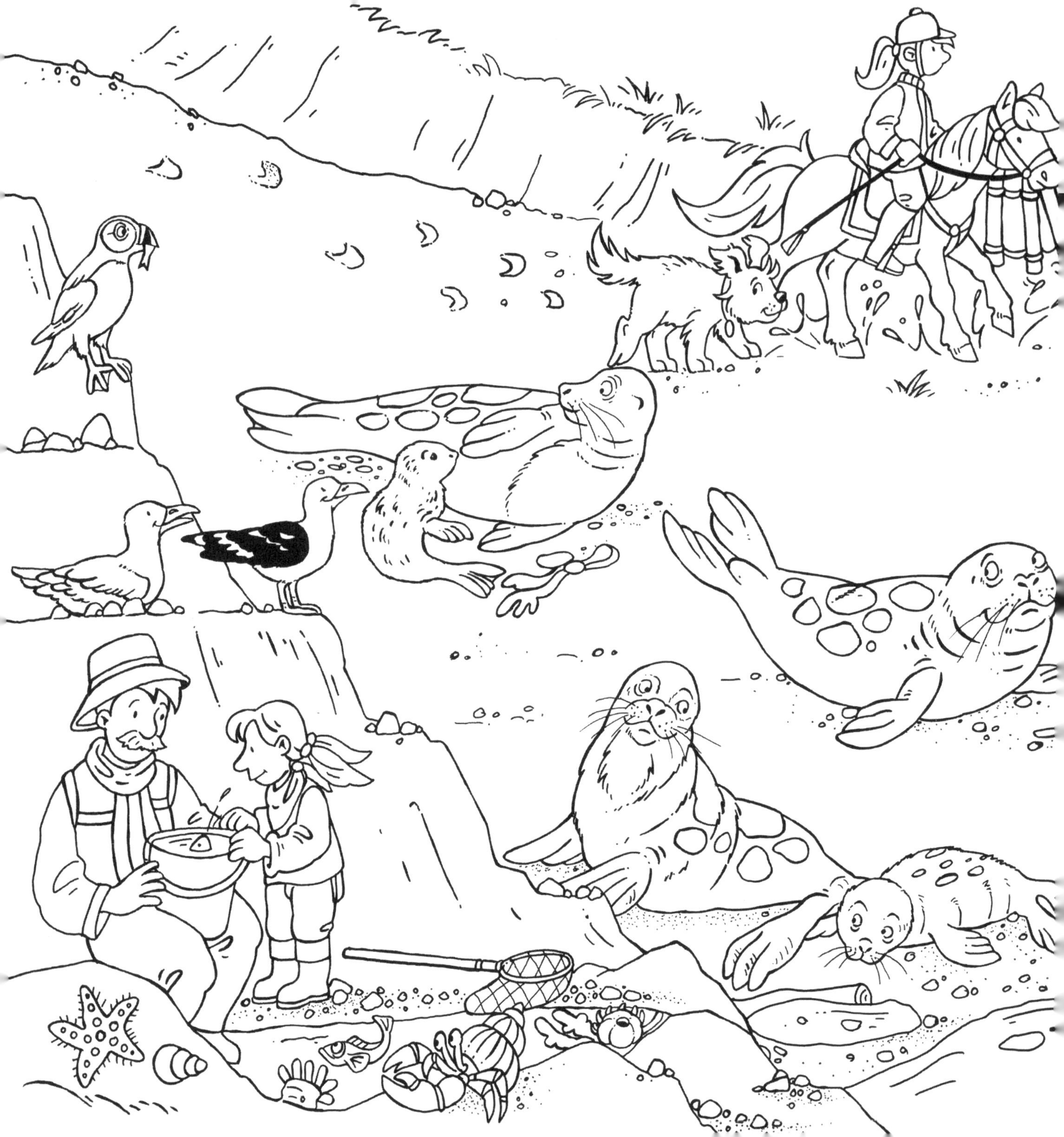

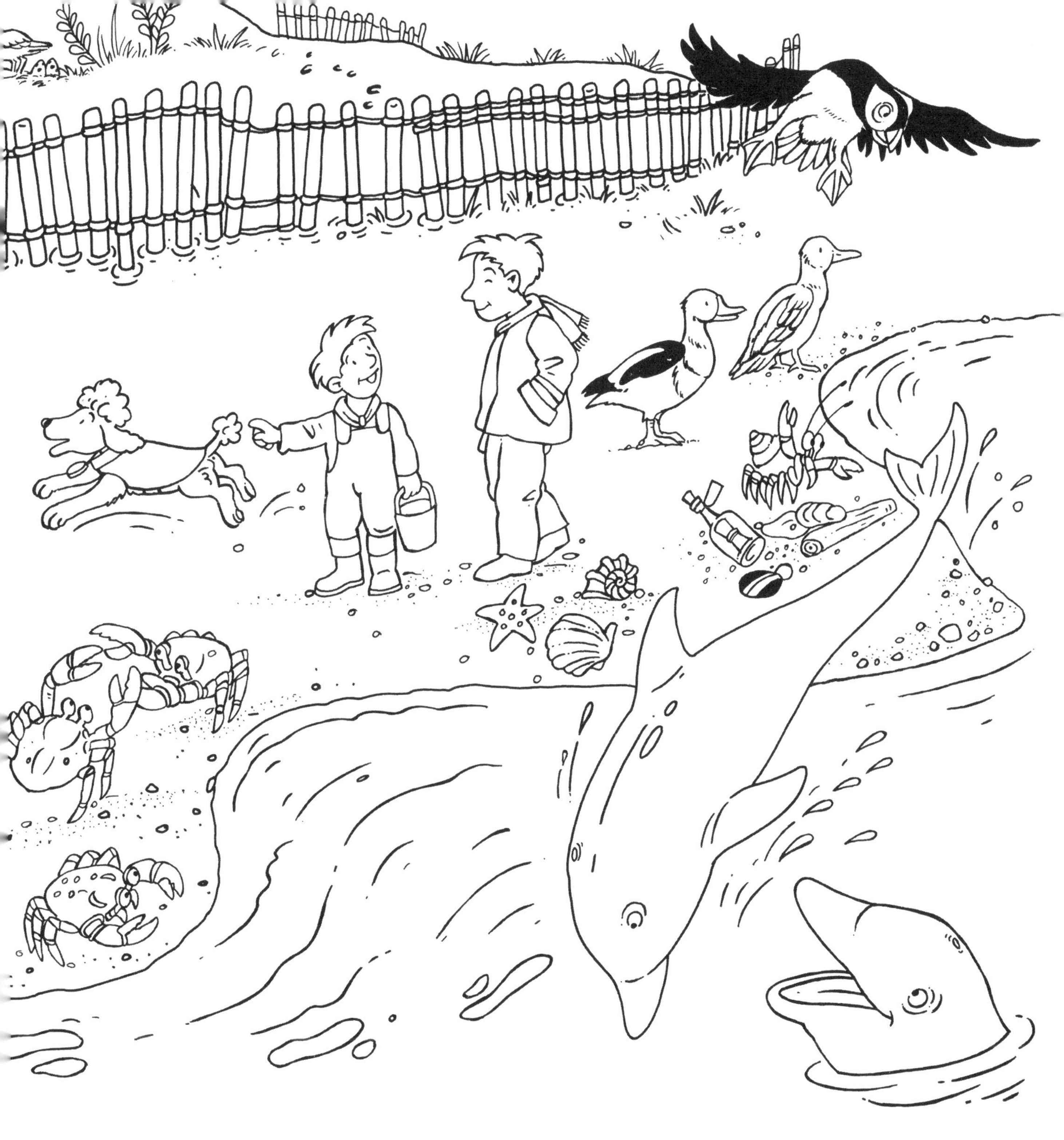

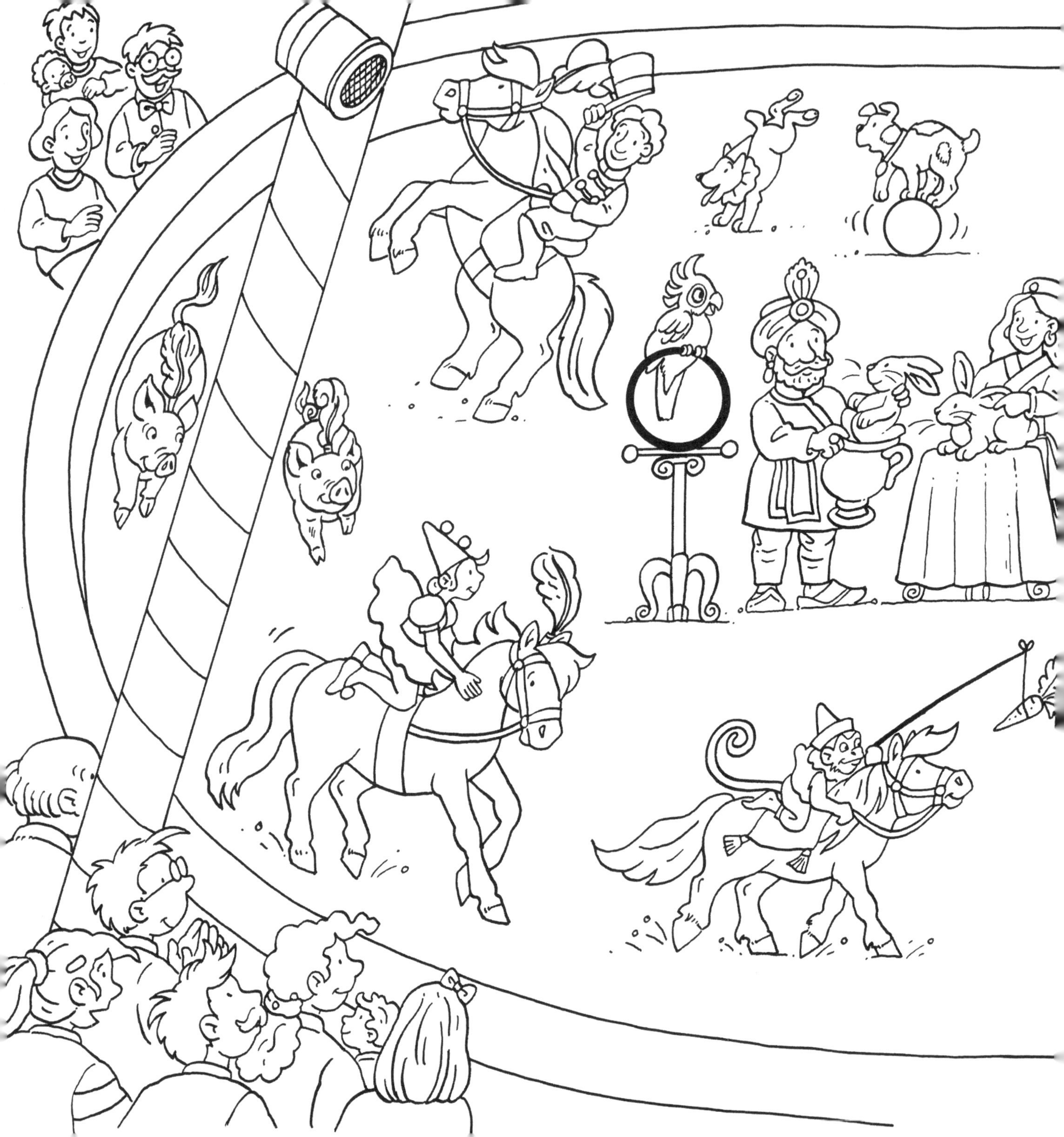

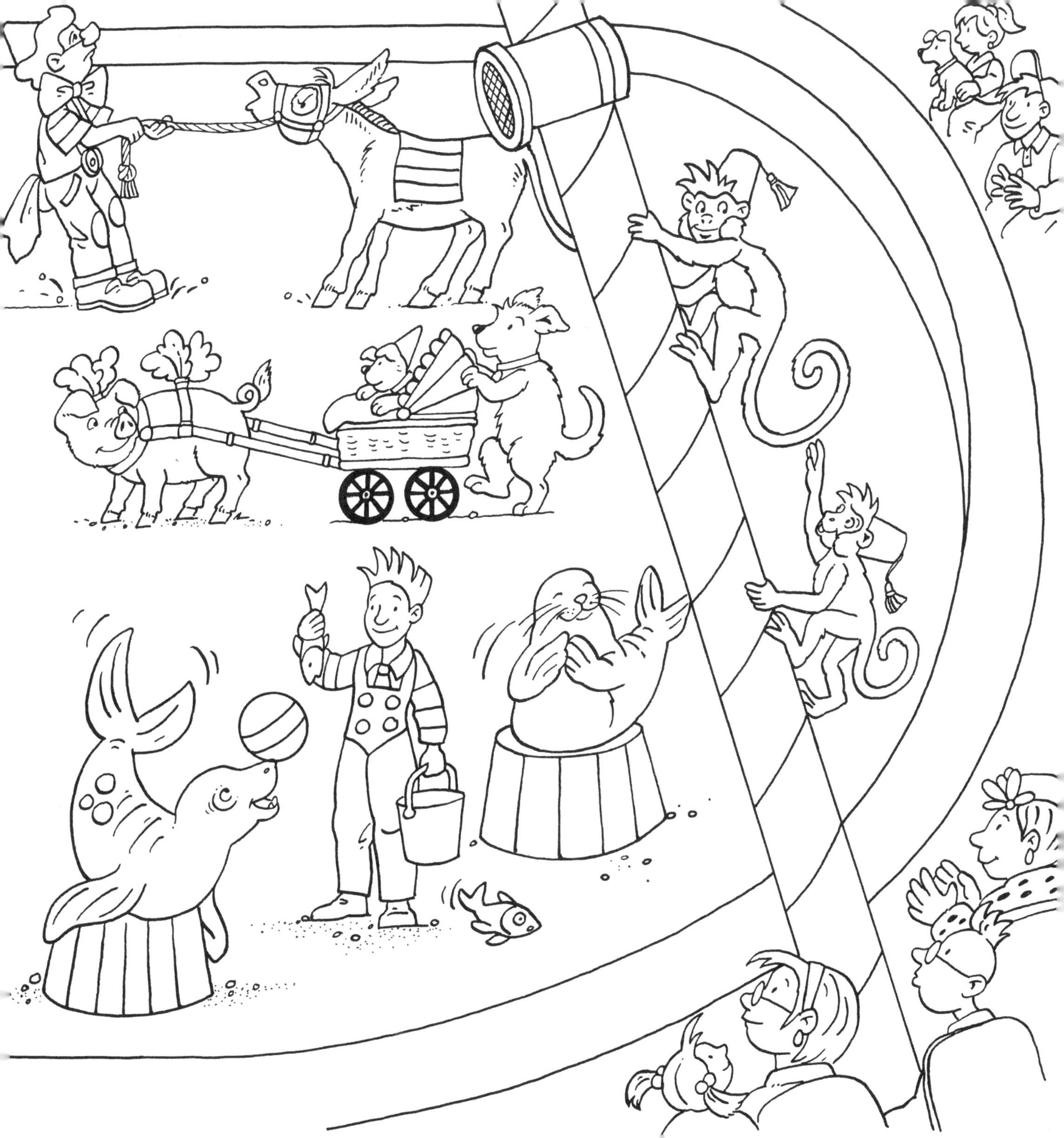

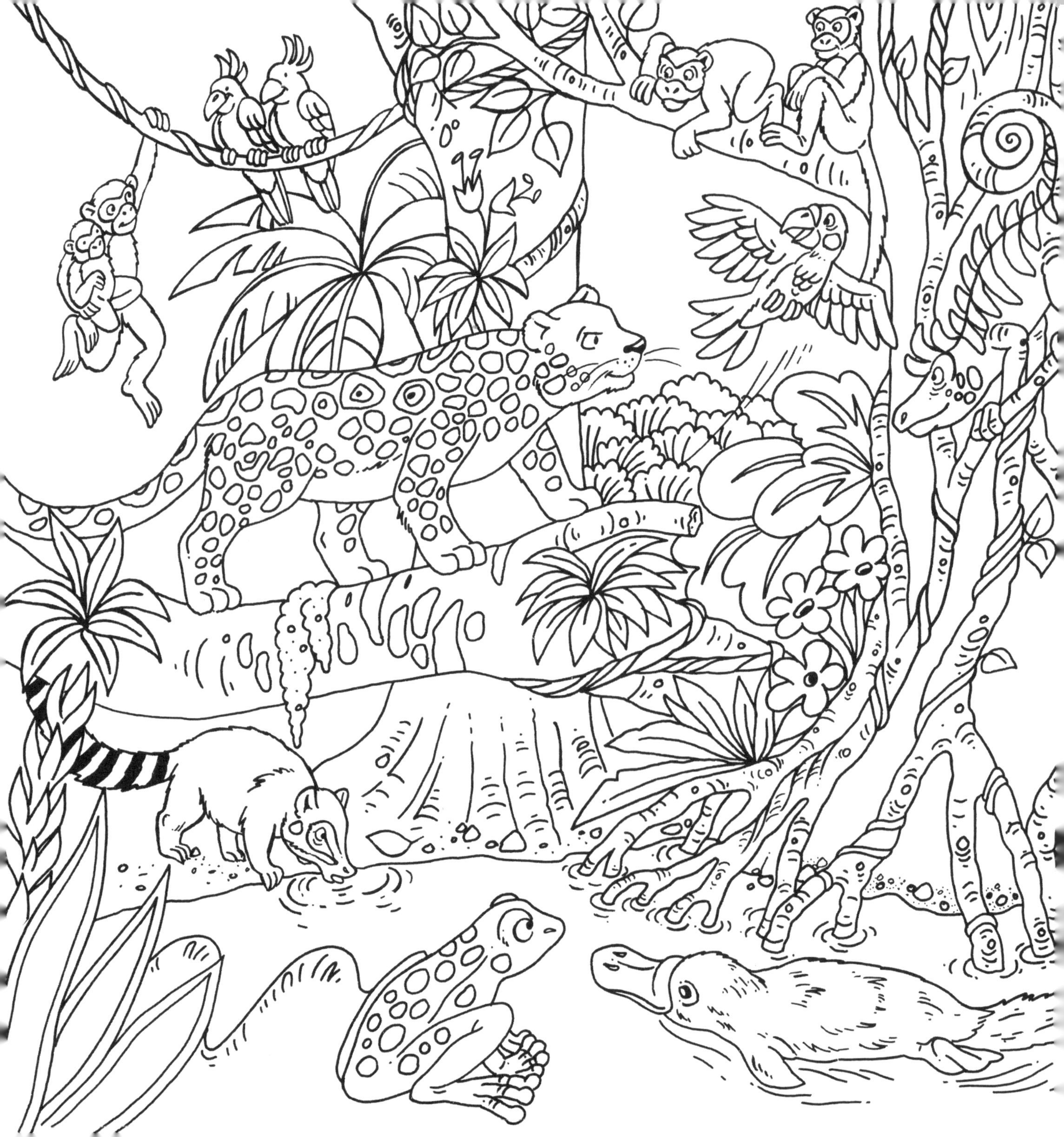

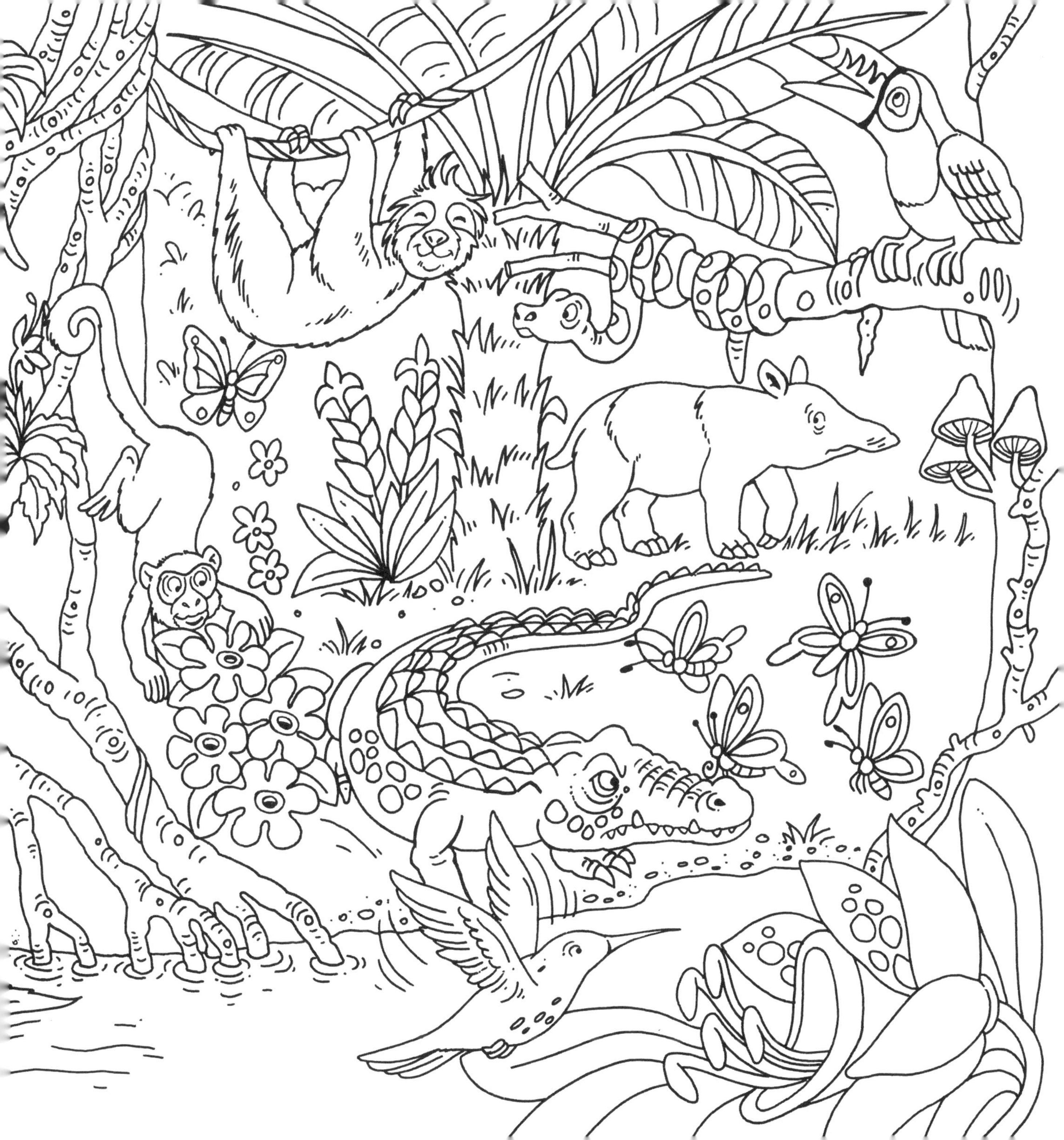

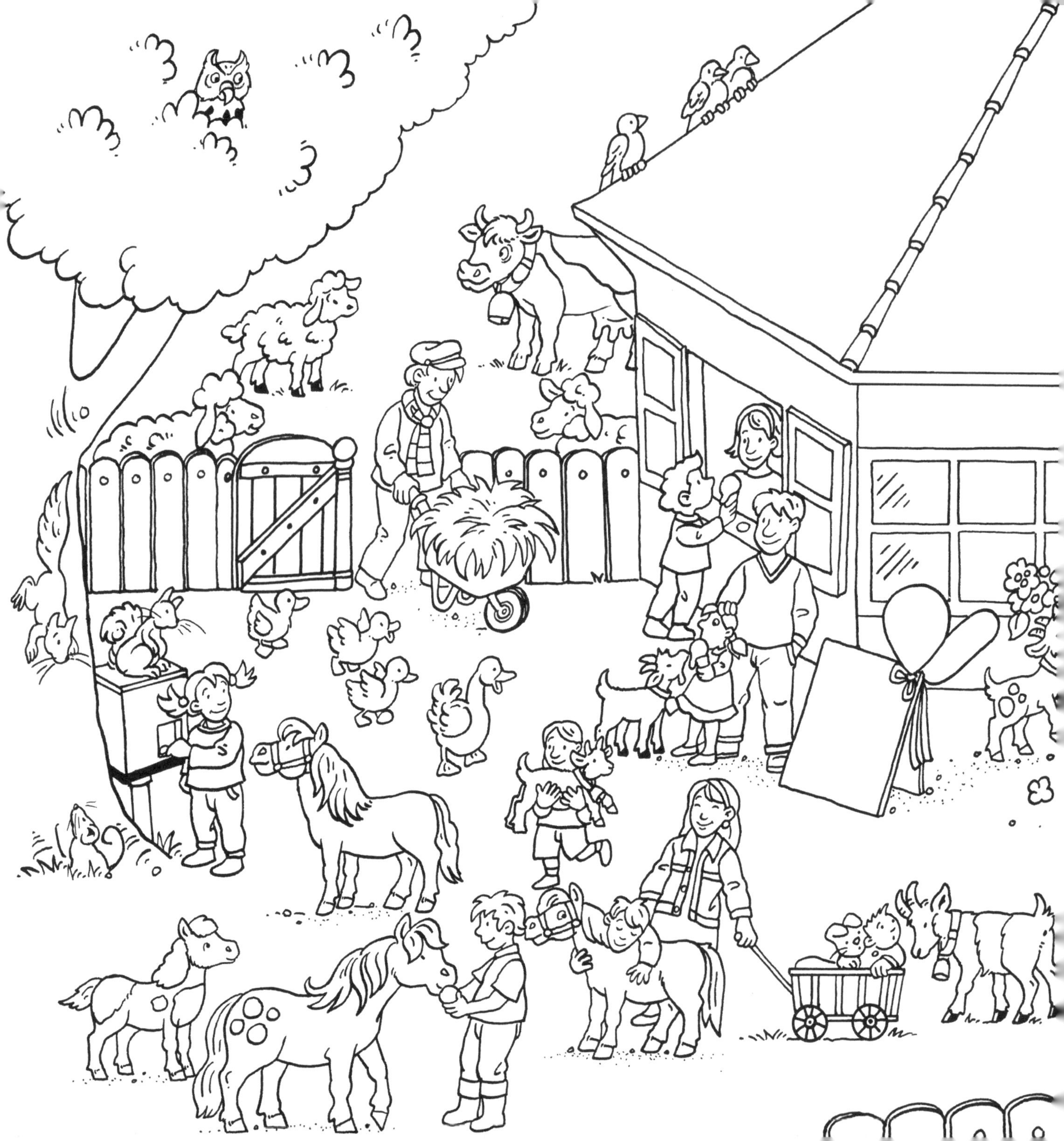

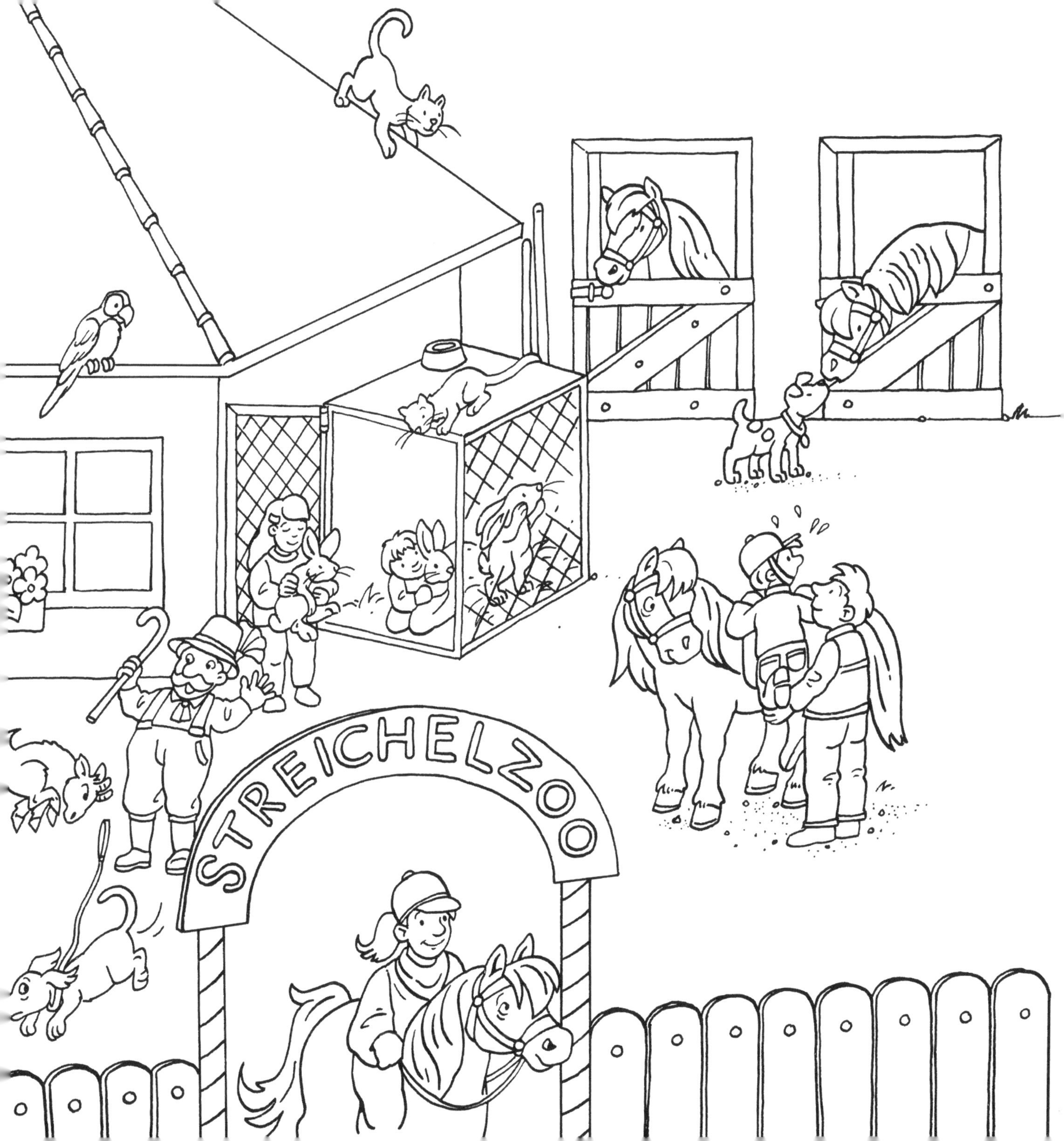
STREICHELZOO

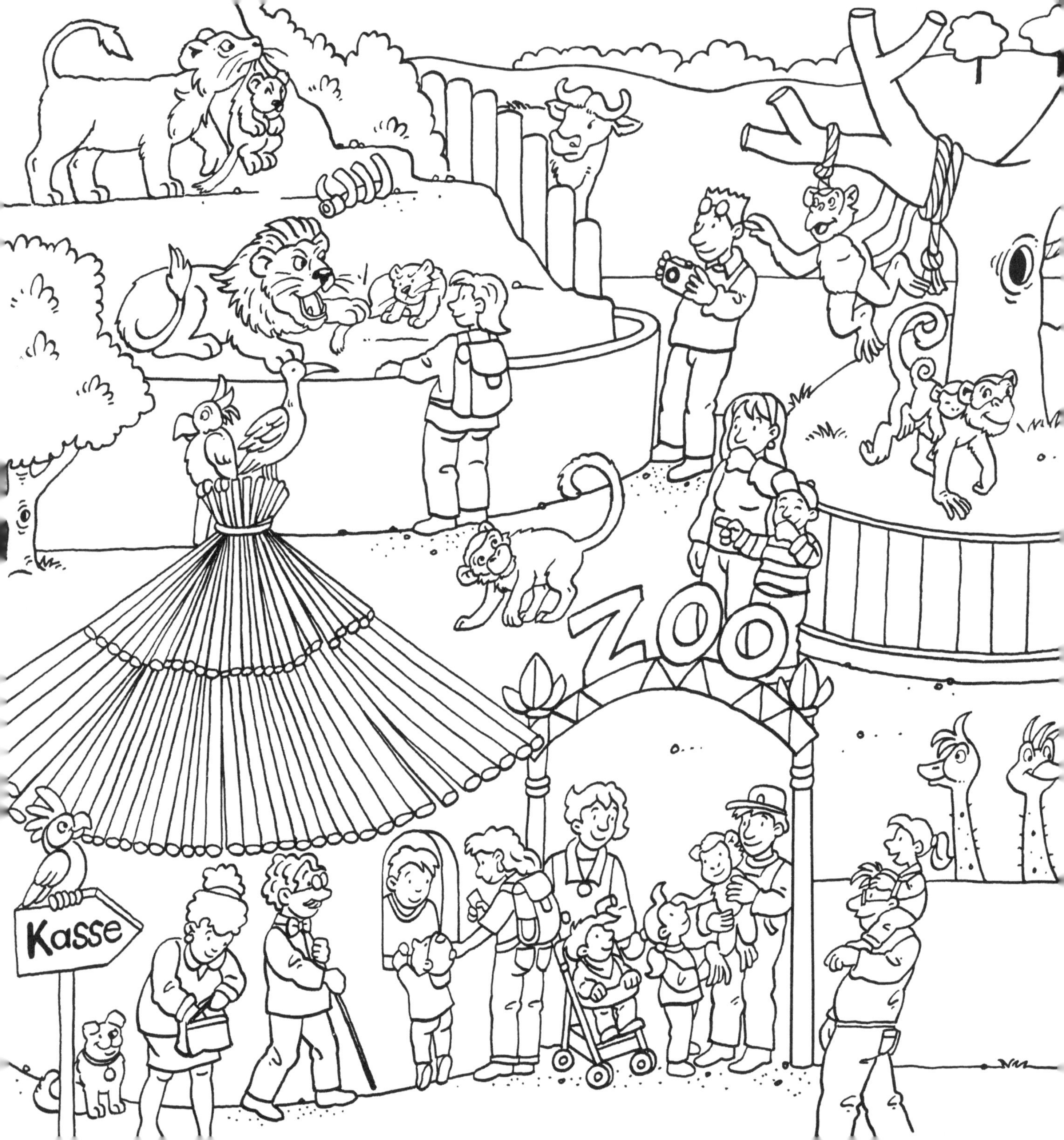
ZOO
Kasse

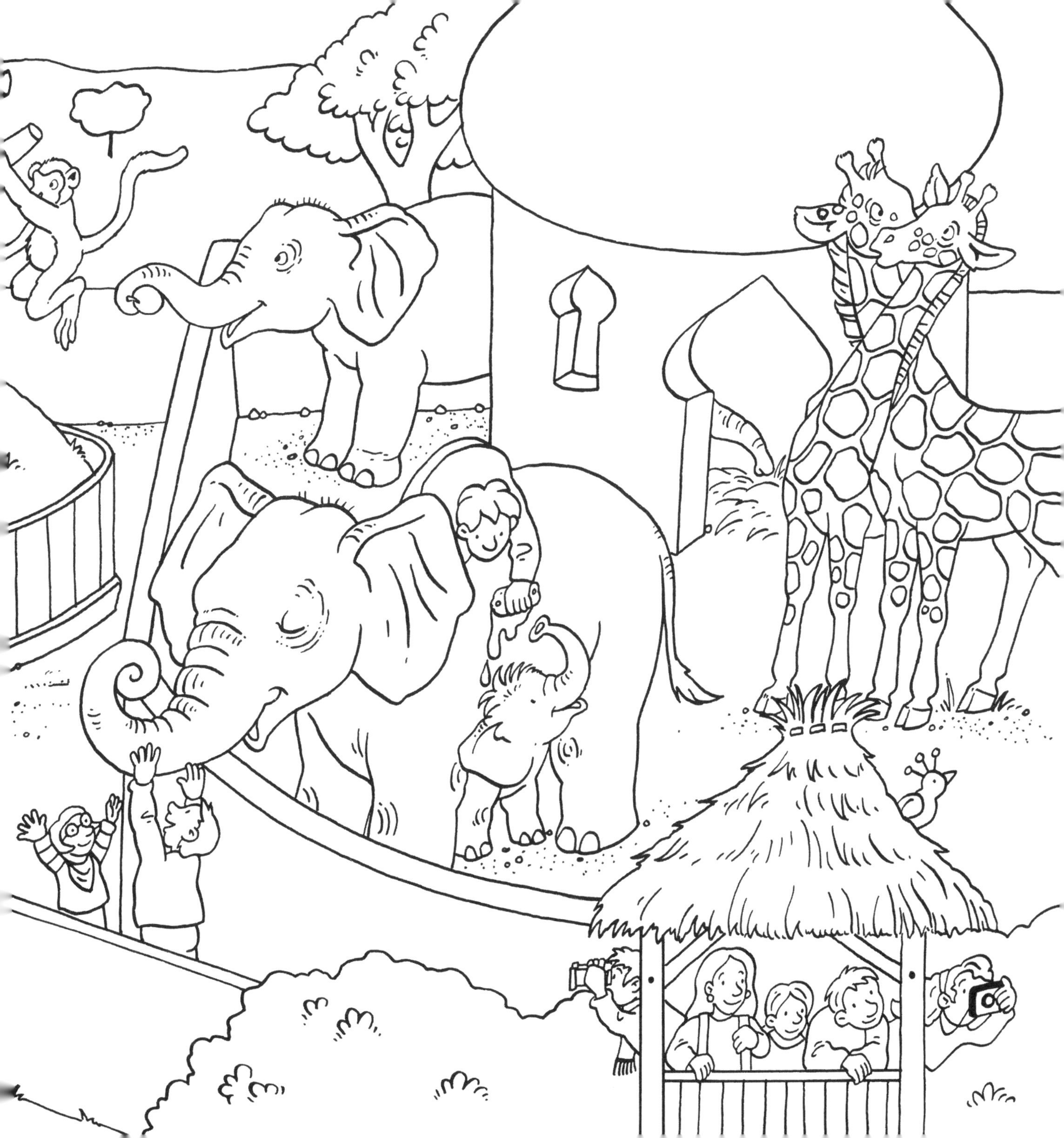

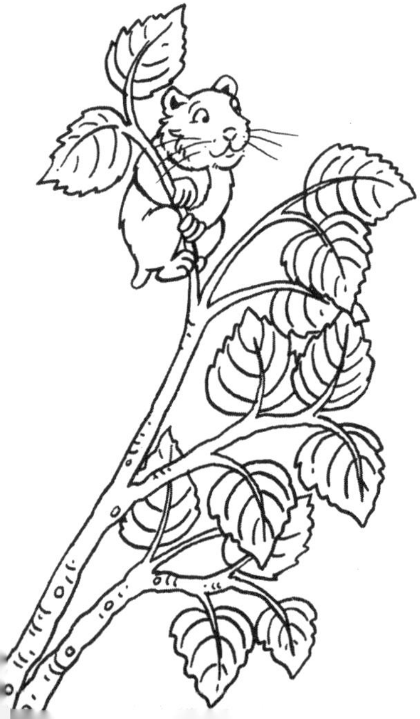

Friedrichstraße 9, D-80801 München

Illustration: Helge Glatzel-Poch

ISBN: 978-3-7607-9918-6

www.arsedition.de